The Economies of Imperial China and Western Europe
Debating the Great Divergence

「大分岐論争」とは何か

中国とヨーロッパの比較

パトリック・カール・オブライエン 著
Patrick Karl O'Brien

玉木俊明 訳
Tamaki Toshiaki

ミネルヴァ書房

本書を上梓することで、友人であり経済史の研究仲間であるボブ・アレンとペール・フリースとの議論がさらに活発になるよう願う。

日本語版への序文

大分岐に関する論争は、第三千年期の転換点に出現し、それからずっと続いている。この論争により、少なくとも九冊の本と一〇〇本以上の専門論文が出された。論争は、過去三～四世紀間という長期にわたる帝国経済と国民経済の多様な経済力を、比較史の観点から分析している。

この二三年間にわたり、大分岐論争が出現し、激増し、多様化したのは、デイヴィッド・ランデス、グンダー・フランク、ロイ・ビン・ウォン、ケネス・ポメランツらの今や古典となった書物に対する賛同と批判があらわれ、それに対しさまざまな反応が生み出されたからである。この四人と彼らの支持者たちが提起した議論の根底には、ヨーロッパ中心主義への批判がある。すなわち、近世の明清の長期的発展をうながした政治的・社会的・文化的・経済的枠組みは、先進的な西欧経済において工業化を取り巻き、促進した枠組みと比較するなら、物質的進歩を促進しなかったという見方へのチャレンジである。経済成長と対外安全保障に対する中華帝国の将来への展望と潜在能力は、相対的にも、たぶん絶対的にも、低下し続けていただろう。だとしても、西洋の人々にとって、中国の停滞が明らかになったのは一八世紀のことであり、それ以前ではなかったと、彼らは主張しているのだ。要するに、中国の経済・国家・社会・技術・対外安全保障・国内秩序・科学・宗教的信条・家庭生活などは、西洋の批評家によって、最近に至るまで遅れているとみなされており、「遅れた」という範疇に分類されてきたということなのである。

だがこういう視点を、相互比較と歴史的証拠から、西洋から見た証拠を利用する中国研究者と歴史家は否定してきた。彼らは、中国の地位と制度は一八世紀後半に至るまで劣ってはいなかったという見解を支持する。

論争は活発であり、近世中国の歴史に新たな証拠を提供し続けているばかりか、アジア経済の成長と停滞、大分岐の枠組みに取り入れた比較史をベースとするグローバル経済史は、経済史家が探究するためにどれほど発見的で深い洞察力を提示できるのかを明確に示している。

本書は、近代のグローバル経済史の論争を活発にする点でもっとも大きな貢献してきた多くの研究のサーヴェイである。

序文と謝意

経済史家である私は、キャリアの晩年にある。だが知的には依然としてワクワクしており、学界においては大変楽しい生活を送っている。それは、何年も前に、読書と研究のために、より多くの時間をグローバル経済史に充てることを決断したためだといって過言ではない。この決断は、「グローバリゼーション」の時代になり、同分野が、特定の人たちが研究するものから、世界中の主要大学の歴史学科で枢要な分野へと変化したときになされた。このような歴史が比較史の手法を用いて復活したのは、アフリカ、アジア、南米の経済、政治形態、文化の研究者が獲得した独自の知識を共有しようとしている友人たちの学問的協力関係があったからだといってほぼ間違いない。

私は、イギリスとヨーロッパの経済史に関する研究ではなく、オックスフォード大学のセント・アントニーカレッジのフェローとなろうと決断した。それが、何よりも幸運な出来事となった。言語能力にすぐれ、卓越した能力をもつ人々と共同で研究するようになったからだ。彼らの専門的研究は、裨益するところが大きかった。中国経済についてはマーク・エルヴィン、インド経済に関してはタパン・ライチャドゥリー、イスラーム圏の経済についてはロジャー・オーウェン、日本経済の場合はアン・ワソウォ、ロシア経済はアンガス・ウォーカー、南米経済はジェレミー・アーデルマンが、私に新たな知見を提供してくれた。

有力な研究者仲間からなる私のネットワークは、故ジェレミー・マーティン（ルネサンストラストのチェアマン）の尽力により、さらに拡大した。（すぐれたエンジニアであり、発明者・企業家であったジェレミー・マーティンが招集しリーダーとなった）一連の学会、研究会に参加し、西洋の科学、技術イノヴェーション、都市、芸術、経済的進歩の関係史における「達成と創造性」（というテーマ）での分析と議論をするようになったからだ。研究会や学会で、経済史とはおよそ無縁ないくつかの研究分野からの専門家が、イノヴェーションの歴史についての発見的な（必ずしも正解とはかぎらないが、正解に近い解答がえられる方法の）議論について発言した。彼ら（マーガレット・ボーデン、アラン・マクファーレン、スティーヴン・シャピン、ロバート・フォックス、サイモン・シェーファー、ロブ・イリフェ、イアン・インクスター、ペニー・ガウク）と彼らのネットワークは、新しい知的観点から、経済成長を「知識を獲得し理解する方法」を身につけることができるよう、私を教育してくれた。リーヴァーヒューム・トラストとヨーロッパ科学振興財団から基金を獲得し、その当時にすでに確立しており拡大していたグローバル経済史をロンドン・スクールオブエコノミクス（LSE）で研究と議論をする共同プログラムの指導的立場に立ったときに、この教育段階が大きく役立つことになった。

大学や学問分野、さらには大陸を超えてネットワークが形成された。そのため、私はカリフォルニア学派（主としてカリフォルニアの諸大学に属するグローバルヒストリーの研究者たち）の主導的な人々（ロイ・ビン・ウォン、ケネス・ポメランツ、ロバート・マークス、ジャック・ゴールドストーン）と、定期的で有益であり、かつ発見的な関係をもち続けることができた。グローバルエコノミーにおける、多数の地域の長期的経済発展に関して専門的知識を有する研究者との関係にも、同じことがあてはまる。このグループに属する人々として、ヨーロッパについては、ペール・フリース、マールテン・プラーク、ヤン・ライテン・ファン・ザンデン、マティアス・ミデル、スティーヴン・ブロードベリ、マクシン・バーグ、ジョルジオ・リエロ、パルトロメ・ユン－カスティーラ、エリック・ファン・ハウテがいる。私がこれまで光栄にも交流してきた人々として、インドについては、プラサナン・パルタサラティ、ティルタンカル・ロイ、デイヴィッド・ウォッシュブルックがいる。アフリカについては、ギャレス・オースティン、中国に関しては、ケント・デング、マーク・エルヴィン、ボジョン・リ、リチャード・フォン・グラーン、ハリエット・ツルンドルファー、ラテンアメリカについては、アレグザンダー・イリゴインとレギーナ・グラーフェ、日本については、杉原薫と秋田茂、そして世界のすべての地域については、ジェルヴェーズ・クラレンス－スミスの名をあげたい。

私には、グローバル経済史において大きな物語《メタナラティヴ》を復活させようという強い願望がある。それに共感してくださり、共同研究、専門分野をまたがる研究・議論・討議をへて、その願望をより強くし、深め、浸透させてくれた学問界の人々の芳名はさらに増えるし、そうなるのは当然だ。彼ら全員が提供してくれた教育、発想、識見に感謝する。それをもとにして、グローバル化しつつある経済におけるいくつかの地域の経済史に関して、私自身の意見が生まれていった。本書の執筆が可能になったのは、そのおかげである。われわれの書物はすべて共同作業の成果であるが、とりわけ感謝の言葉をささげたいのは、カリフォルニア学派の人々である。カリフォルニア学派の人々こそ、本書の諸章に情報を提供し、その影響を隅々にまでもたらしてくれた。なかでも、友人であり導き手であるマーク・エルヴィンとケント・デングに心から感謝する。彼らは、忍耐強く、「部外者」であり単なるアマチュアである私と、数世紀間におよぶ西洋との大分岐に至った政治的・制度的発展の軌跡に対し、中華帝国の経済を維持した複雑で無数の要因（科学と技術における重要な転換期を含む）に関する、信じられないほど広範な専門知識をもって献身的に接してくれた。

最後に私は、卓越した行政能力をもつ二人の人物に感謝する必要がある。それは、ロレイン・ロングとプリシラ・フロストである。二人は、いくつもの国境や大学の垣根を超え、学問的共同作業の組織化にとって不可欠である人々や機材の移動をスムーズにおこなうという骨の折れる仕事を、思慮深く、優美に、そして効率的に成し遂げてくれたからである。

二〇二〇年六月　イギリス・オックスフォード

パトリック・カール・オブライエン

「大分岐論争」とは何か——中国とヨーロッパの比較　目次

第1章　研究史整理と文献紹介

要旨　中華帝国の経済史に関する書物の出版点数が、近年増加している。本章では、まずこの四〇年間に中華人民共和国が達成した稀に見る急速な経済成長がその促進剤となったということを、読者に理解していただこうと思っている。共産主義の中国が経済的に、そして明示されているわけではないにせよ、地政学的にも枢要な地位につき、世界経済全般から見ても重要な国家になった。そのため、西欧、北米、オーストラレーシア、日本のような進んだ国と比較して、中国経済が相対的に遅れた状態となった時代、経緯、理由をめぐる大きな物語をすることが必要だと提起されるようになった。この問題には現在もなお問うべき価値があり、また重要でもある。中国国家の経済と社会に対する西洋の見方は（研究史が明らかにするように）、西欧が工業化と啓蒙の時代を迎える以前には、ほぼ間違いなく好意的であったからである。その後、ヨーロッパ中心主義的な見方が出現したため、中国文明は一九一四年以前には誹謗中傷され、軽蔑されるようになった。中国文明に対し、西洋の知識人はネガティヴな意識をより強く抱くようになったのである。二〇世紀のあいだに続いた欧米人による虐殺をともなう紛争のために、ヨーロッパ中心主義はあまり見られなくなったけれども、一九七六年の毛沢東の死後、中国経済が近代的経済成長を実現するだけの潜在能力があるとわかるまで、中国に対する過小評価は続いたのである。それゆえ、綿々と続いている大分岐の議論は、中華帝国の経済史を、衰退と遅滞の歴史として描く西洋的伝統から救出しようとしており、しかもそれにある程度成功してきた。現代の中国研究者が、それに対する刺激を与えてきたのだ。私というヨーロッパ経済史家によって書かれた以下の諸章は、この有名な論争を歴史研究上の文脈のなかに位置づけ、さらに賞賛するにとどまらず、（そしてグローバル経済史と比較経済史にとって）かなり挑発的で刺激的で、そして発見的な研究のサーヴェイと批判を提供する。

キーワード　大分岐　大収斂　成長　停滞　均衡状態　歴史研究　マルサス主義　マルクス　ヴェーバー　エルヴィン　ポメランツ　カリフォルニア学派

◇「大分岐」とは何か

「大分岐」は、中華帝国末期を専門とするもっとも著名なアメリカ人が、三千年紀の転換期に出版し、広範に知られることになった記念碑的書物の略称である。ケネス・ポメランツが書いた同書は、出版されるとすぐに、グローバルヒストリー、経済学、政治学で延々と続く議論の焦点になった（Pomeranz 2000 : *American Historical Review Forum* 2002 : *Journal of Asian Studies* 2002, 2003 : Ringmar 2007 : *Canadian Journal of Sociology* 2008 : Vries 2015）。

まず第一に、近年、中華人民共和国は異常なほど急速な経済成長を遂げた。そのため、およそ三～四世紀前に西洋が実現したと考えられる中国への経済的優位が失われてしまうことになった。同書は中国が急速に経済成長を遂げたことは以前にもあったことを思い出させてくれる（Grinin and Korotayev 2015）。共産主義体制が、長年にわたり貧困状態にあった数百万人の人々の生活を大きく改善するのに成功したことは、本当に目覚ましい成果であった（Eckstein 1968）。

平均して、中国人の実質所得は、一九七六年に毛沢東が亡くなってから四～五倍以上に増えたようである。現在、中国経済は、世界全体の商品とサーヴィスの世界の生産高の二〇パーセントほどを生産している。このままいけば、二一世紀末にはアメリカと同程度の生活水準を達成できるかもしれない（Deng 2016）。

第二に、グローバリゼーションの過程で、実質的にすべての国民経済がより多くより強く関係するようになった。それと同時に、近年、中国で目覚ましい経済的進展が生じている。そのため、ヨーロッパ、アメリカ、日本、インド、中国の知識人のあいだで、西洋と東洋の社会に途方もない物質的繁栄の差異が出現した時期・経緯・理由をめぐって、ふたたび長期にわたる論争がなされるようになった（Perez and De Souza 2018）。この論争は、世界史において現在注目されるようになっている。それが、物質的繁栄にとどまらず、諸文明の盛衰と性質に関係する経済・政治・社会・道徳・文化の歴史のすべてに関係しているからである（Frank 1998：Vries 2013）。現在のイスラームに対する関心を除けば、アジアの文明のなかで、人々が関心を抱いてきたのは、中国、日本、そしてインドであった（Parthasarathi 2010：Eichengreen et al. 2010：Francks 2016：Vries 2020）。しかし、経済的相違をめぐる議論のほとんどは、中国に焦点を当ててきた。基本的に、一七〇〇年以前の数世紀間、ヨーロッパが保持してきた中国文明に対する見方は、どこでもほとんどが好意的であったからである（Phillips 1998：Jones 2013）。それ以降、中華帝国経済の生産性、中国人に苦痛を与えていた〔ヨーロッパとの〕生活水準の相違、生産と戦争遂行のために必要な技術の遅れから生じた中国と西洋の差異が認識され、ついで目に見えるようになり、最後には隠しおおせなくなった。そのため、中国に対する論評は、発展の遅れを指摘するものが圧倒的に多くなった。このようなヨーロッパ中心主義的な物語は、長期的な経済的進歩に向かう歴史的軌跡を〔西洋の場合には〕促進し、〔中国の場合には〕妨げた政治制度・経済制度・法的枠組みや文化の相違を描き出した。そのため暗黙のうちにであれ、明確な形をとった場合であれ、結局は西洋の勃興と優位性を賞賛し、東洋の衰退の原因を見出すことになったのである

(Dawson 1967 : Brook and Blue 1999)。

当然のことだが、このような見方は、明清の皇帝と官吏には受け入れられなかった。一八三九～四二年のアヘン戦争でイギリスにより屈辱的な敗北を喫したずっとあとの一九一一年に中華帝国が崩壊するまで、彼らは、政治的・道徳的価値はいうまでもなく、経済制度と技術的知識において中国が西洋から学ぶべき重要なものがあるという示唆を受け入れようとはしなかった (Wright 1957)。例をあげよう。民間の多国籍企業の一つ――イギリス東インド会社――がベンガルを接収してからちょうど三〇年後、東南アジアからあまり遠くない南アジアのムガル帝国の崩壊に続いて、ロード・マカートニー(外交使節を率い、連合王国〔イギリス〕‐中国間の通商関係をより柔軟性のある〔自由貿易〕協定を結ぶために交渉した)は一八〇〇年に、皇帝からこういわれた。「われらが素晴らしい帝国は、どんなものでも大量に所有しており、国境のなかに欠けている製品は何もない。したがって、われわれの製品と交換で夷狄と交換する製造品はまったくないのだ」(Perdue 2005 : Berg 2006)。ときおり反対意見があったが、中国は西洋との商業関係を強めることで学ぶものはあまりないという公式見解は、第二次アヘン戦争で西洋列強がふたたび恥ずべき敗北を喫したあとでさえ、依然として根強かったのである (Spence 1999)。それに対してメアリ・ライトが、「中国の最後の保守主義」といううまいレッテルを貼った。歴史的にみれば、彼女のこのような態度は、一三世紀後半にマルコ・ポーロが長期間中国に滞在してから、ヨーロッパ人が賞賛してきた巨大で生態学的に多様な帝国が長期間存続することに成功したという理由にもとづいて正当化されたとはいえないにせよ、説明されてきたのである (Wright

1957)。しかも、このような態度は、モンゴル、明、満洲の王朝の統治下で西洋と中華帝国のあいだで遭遇と接触があったおよそ五〇〇年間にわたり、ずっと続いてきたのだ（Barrow 1806；Dawson 1967）。

◇ヨーロッパに伝わった中華帝国の情報

主として中国とヨーロッパとの交渉が発生してからこの数世紀間にわたり、中華帝国の印象は、東洋との大陸間交易に従事する商人からえられる商業情報という形態で、そして少数の好奇心溢れた旅行者の旅行記、ついで一六世紀からは、キリスト教の宣教師、なかでもイエズス会士によって書かれた年次報告によってヨーロッパに伝えられた。イエズス会士は、北京の宮廷で、あまり愉快なことではなかったが、中国人の一部を改宗させ、ローマ・カトリック主義の価値観と儀式を受容するために、むなしい努力をすることになった（Mackerras 1989；Mungello 2005）。

それ以外で、中華帝国と交流する唯一の方法（このときも、ヨーロッパ自体の商人と船舶が促進した）は、茶や高級な絹と綿布、陶磁器、医薬、宝石、その他の異国情緒豊かな「中国の商品」の輸入と消費を通じて間接的に発生した。そのため、一九世紀になっても、航海、手書きと印刷という形態をとった通信、農学、工業、輸送、自然界の科学的理解とは関係のない中国と中国文化に関する西洋の知識は、依然としてかぎられているばかりか、単なる印象にとどまっていた。商業活動でえられる利益の可能性に対する関心とは裏腹に、宗教的・道徳的価値にはまったく無関心であった（Temple

1998：Mote 1999：Spence 1999：Jones 2013）。

しかし、「中国」（Middle Kingdom）に関するヨーロッパの知識人の知識はかぎられていたとはいえ、彼らが、中国を、政治的・経済的・社会的・宗教的なエリートが従うべき啓蒙のモデルだと評さなかったわけではない（Staunton 1853）。いうまでもなく、（ベーコン、ベール、ベルニエ、ヴォーバン、ヴォルテール、チュルゴー、ケネー、ライプニッツなど）ヨーロッパの著名な知識人の出版物には、中華帝国の文化と制度を選択し賛美する表現が綿々と続いた。それはヨーロッパの貴族的エリートとキリスト教の伝統にとっては不快であっただけではなく、（モンテーニュ、モンテスキュー、デフォー、ヒューム、ディドロ、ドルバック、エルヴェティス、スミス、マルサスなどの）さまざまな道徳哲学者、経済学者などの知識人による議論の対象となった。彼らは、満洲人の国家は専制的であり、能力主義にもとづく官僚制度については腐敗しており、将来の科学的・技術的・経済的進歩の余地はもはやなくなったと描写した。啓蒙主義に関するヨーロッパの有名な論争のあいだに、中国の地位は、結局、衰退する文明という地位にまで貶められていった（Brook and Blue 1999）。イエズス会士（彼らは、少なくとも、他の文明を真剣に理解しようとしていた）が、政治学・道徳哲学・文化・科学・技術・経済運営の分野において、中華帝国が歴史的に獲得した遺産についてよりバランスがとれた高い評価をくだしたことについては、あまり真剣には考察されなかった（Maverick 1946：Mungello 2005）。

ロード・マカートニーの使節が（乾隆帝と官僚は現実には嫌っていたが）北京に到着したときには、悪い情報が流されたばかりか増幅され、ヨーロッパ中心主義をとることで完成した中華帝国に関する見方の原型が形成されつつあった（Berg 2006）。

しかも、中国（とインド）に対するヨーロッパの軽蔑の度合いが増加し、強まり、継続した。そのもとになった物質的基盤が形成されたのは、明らかに、西洋の技術革新が出現・発展・普及したからである。この技術革新は、科学が進展し、完全に発達し、系統的で信頼のおける知識となった世代の人々にとっては制度化された学問になり、航海、輸送、農業、鉱業、工業、商業、とりわけ、地政学的力に起因する問題のために利用されたのである（Black 2014 : Sachsenmaier 2015）。

これらの分野すべて（なかでも、兵器類、航海、科学装置の発展）における中国の問題点については、一八世紀のあいだに、イエズス会士と外国商人が気づくようになった。中国人は、マカートニーの使節団が持ち込んだ西洋の知識と商品に対して興味は示さなかった。そのため中華帝国の科学的・技術的・経済的な後進性に対するイギリスとヨーロッパの論評はより辛辣になり、一般的かつ全体的なことを論じるようになっていった。論評の範囲は、制度に関する特定の事例にとどまっていたのが、中国文明全体の水準が低下するとともに、少しずつ範囲を拡大していった（Jones 2013）。

◇中国が直面した困難

一九世紀が進展するにつれ、清国は、一連の破壊をもたらした反乱や暴動に直面した。そのため、イギリス、フランス、ロシア、日本の軍事力に対して領土と利益を防衛することや、国内の秩序を維持することが困難になっていった（Gernet 1982 : Andrade 2016）。とくに、環境の破壊と消耗が大きな原因となって、数世紀間にわたる外延的・集約的経済成長が生じたため、環境問題がさらに深刻化した。灌漑と交易をしても、持続不可能な人口増加率が生じることになった。中国は、経済と社会を維持し、帝国の道路や水路のインフラストラクチャーの価値が低下することがないようにするために、十分な投資をすることはできなかった（Elvin 1973 : Sieferle and Breuninger 2003）。

満洲帝国（一六四四〜一九一二）は、森林伐採、塩害、洪水、川泥の堆積、定住農業の地域の拡大のために、インフラストラクチャーへの投資が必要であった。けれども、そこから生じる大きな問題に対処することはできなかった。西洋からの対外安全保障への脅威、急速な人口成長、国内の無秩序から生じるエピソードはすべて、世界史における中国の状況とその地位に対するヨーロッパの叙述の伝統を促進するように作用したのだ。すなわち、畏怖から賞賛をへて（複数ある比較対象の順位づけをおこなう）一対比較をし、同情、そして人種的軽蔑をするようになるというように、時代とともに根本的に変化した。中国の政治、社会、文化、道徳、宗教、科学、技術、そして経済発展の水準のすべての領域で、西洋から中国に到着した商人、投資家、外交官、専門家、宣教師が持続的に調査した（Cranmer-Byng 1962）。彼らの見方は、敵意に満ちたものになった。それは、中国人が、自分たちが抱える問題に対するヨーロッパ人の助言と解決法を拒絶し、二千年間近くにわたり、中華帝国に大きく貢献してきたと考えてきた伝統主義に回帰したときのことであった（Brook and Blue 1999）。

地政学的・経済的な地位の相対的低下が継続するにつれ、伝統的な政治的・道徳的・経済的基盤が疑問視されるようになった。それはヨーロッパ人のあいだだけではなく、中国の教育エリートの少数派にもあてはまる。しかもこのようなエリートは、根本的・制度的・文化的改革を実行しようとし、自国文化とその歴史に対する西洋と侮蔑的言説に加担するようになったのである（Dixin and Cheng-ming 2000）。

フランス革命の理念と資本主義的な帝国主義の成功が圧倒的に重要だとする風潮があった。それを担ったのは、ヘーゲル、フィヒテ、マルクス、バックル、スペンサー、ゴルトンらのヨーロッパ史上重要な哲学者の系譜に属する人々であった。彼らは、世界最大で最古の文明が貢献・達成したことを貶めた。彼らが描出したことから判断するなら、中華帝国は、専制主義、法的混乱、道徳的・文化的停滞、経済成長を阻害する農業に農本資本主義者の農民が固執したせいだと侮辱したのである。現代の毛沢東主義者にとっては皮肉なことに、西洋でもっとも毒性のある批判をしたマルクスが、中国の人々の多数に対して、とくに辛辣な用語を使って叙述をしたのだ。中国人は、数千年間にわたり、村落共同体で生活し、労働し、自分たち自身を再生産した。それは、マルクスの言によれば、「可能なかぎり狭い範囲に無抵抗な精神を閉じ込め、無抵抗な迷信の道具へと変貌させ、伝統的規則を使って奴隷化し、ありとあらゆる精力を奪い取ったのである」（Frank 1998：Brook and Blue 1999）。

一九世紀までには、ほとんどのヨーロッパ人にとって、中華帝国とその歴史に関するイメージは、進歩的であり技術が進展した社会から、経済が停滞し、人間のほとんどすべての営為において衰退し後退したことで人々を苦しめる支配的な専制主義国家へと変貌したのだ（Dawson 1967）。

このような考え方が、圧倒的に強かった。それに対する挑戦が、中国で技師、科学者、医師、教師、宣教師として生活し、働いていたヨーロッパ人のなかからあらわれてきた。多くのヨーロッパ人が中国語を学習し、中国の古代文明の複雑性と先進性を研究した。そのため、彼らの叙述は、中華帝国に関して西洋人がもつ支配的見解と関連する文化的排他性について、ごくわずかに残った痕跡とは相容れない。いずれにせよ、一九一四〜一八年まで、このような見解（この時代には、科学、技術、軍事力で、ヨーロッパが間違いなく優越していたことをベースとしていた）は、工業化した西洋列強の野蛮な戦争があったにもかかわらず、ともかくも維持されていたのだ。

◇相対的衰退はなぜ生じたのか

第一次世界大戦以前、さらには一九一一年に数千年間にわたり支配をしていた王朝が共和国に置き換わる以前でさえ、中国の文化と、非常に長期間にわたり中国が世界の道徳哲学、科学、技術、医学、農業の発展に寄与した事柄に関する再評価がはじまっていた。それは、新しく誕生した共和国のどこでも抱えていた国内秩序、対外安全保障、環境悪化、産業の後進性を緩和するために必要な政治的・法的・制度的・社会的・経済的改革を系統的に探求するのと同じく、継続していたのである（Jones 2013）。

少しずつではあるが、専門的な中国研究者、中国に共感をもつ宣教師、アーノルド・トインビーやH・G・ウェルズのような哲学的歴史家は、中華帝国を古代儒家思想の高度な道徳性をベースとする啓蒙君主的専制政治であり、圧倒的に共産主義的な自治組織を統括する農業社会とされていた歴史上の地位のいくつかを、本来あるべき地位に戻した。バック、ホブソン、トーニーのように有名な社会科学者もまた、新しい〔中華民国という〕共和国に経済発展のための潜在力があることを認識していた。一九二〇年代に中国で教鞭をとった経験があるバートランド・ラッセルは、「世界の諸国の農民のなかで中国がとりわけ異質なのは、人口と潜在力の点においては世界一の国であったが、現実の力としては、それらがまったく活かされていない国の一つであったことだ」と評した（Jones 2013）。

中国は、経済的・政治的・文化的に発展することができなかった。この問題をめぐり、歴史家は叙述をし、社会科学者は研究をしてきた。それに大きな影響を永続的におよぼしたマックス・ヴェーバーは、中国の相対的衰退の説明をするために、中国と西洋を体系的に相互比較して研究をした（Vries 2013）。たぶん、ヴェーバーは、数世紀間にわたり西欧内部で成功した産業市場経済の出現を促進した政治的、制度的、法的、文化的、とりわけ宗教的な力が生まれた理由を、より重要でかなり単純な二元的な比較分析を用いて発見したのである（Elvin 1984）。

しかし、ヨーロッパ中心主義的な観点から、ヴェーバーは、資本主義と市場は中国では唐代と宋代（六一八〜一二七九年）から存在していたが、浸透していた儒学の価値制度を乗り越えるために十分な形態を有してはいなかったことを認識していた。マックス・ヴェーバーが観察したように、中国人の信仰は、親族をベースとする農業・工業生産、すなわち、個人主義、合理性、民間企業の精神を封じ込めていた「習慣性への強い固執」を生み出す恭順の精神と家長的家族制度をベースとする、独裁的・家父長的制度を維持し続けてきたのである。ヴェーバー主義者によれば、この差異が、西洋の興隆を説明するのだ（Weber 1951）。

中国の家父長的な官僚制度が維持した国家と制度の儒教的な基盤に関するヴェーバーの見解は、「プロテスタンティズムの倫理とヨーロッパ資本主義」のより有名なテーゼよりもはるかに論争の余地があることが明らかになった（Elvin 1984；Bol 2008）。だが、体系的な比較をしようとするヴェーバー主義者の努力は続いた。彼らは、西洋の興隆と中国の明確な停滞と衰退を並列して論じ、かつ説明するために研究人生の大半を使ってきたのである（Jones 1987）。とはいえ、一九二〇年代以来出版されてきた比較史と社会科学の研究は発達したものの、その大半は、西洋と東洋の文化的・宗教的・イデオロギー的対比を具象化することはなくなっていった（Lieberman 2009；Broadberry and O'Rourke 2010；Prak and Van Zanden 2013；Vries 2013）。

それに対し中国史家は、中国を復興させ、同国が世界史の叙述において圧倒的に重要な地位にあったことを回復させる点に注意を集中していた。中国を、西洋の興隆とともにはじまり終了するというヨーロッパ中心主義的な前提をとる全領域から切り離そうとしたのである（Fairbank 1978）。しかも、より長期的な時代区分をすることで、中華帝国には、多様な環境を含む領域にまたがる村落に居住する多数の人々が許容可能な水準の対外安全保障、国内秩序、生活水準を提供する印象的な統治記録があることを明らかにしてきた（Feuerwerker 1992；Adshead 1995；Von Glahn 2016）。中国の科学と文明に関して、ニーダムは多数の巻からなる研究計画を立てた。それは、科学・技術・道徳哲学に対して、初期的ではあったが非常に広範囲におよぶ中国の貢献を明らかにした。中国の食料、医学、製造品、輸送方法、通信形態は、ヨーロッパ人が中国人に直接立ち向かう前の数世紀間に、ヨーロッパに大量に知られていた。そして中国人は、農業と家計による生産形態が支配的な経済をベースとする帝国の安全、安定、伝統的な生活方法への脅威に加え、中国人独自のすぐれた機械類、人造物、望ましい商品に関する有用な知識を有していたのである（Needham 1969, 1970）。

つまり、西洋の興隆がもたらした地政学的・経済的挑戦に対する中華帝国の反応を特徴づけた構造的・政治的変化への展望、遅れ、抵抗は、〔ヨーロッパでは〕欠如していた。そのため、啓蒙主義に起源がある物語、分析、議論を、歴史家が探究することになった。彼らが再生した出版物は、中華帝国への批判を強めていった。その範囲は、ヨーロッパ中心主義的な印象論から、アジア的生産様式やオリエンタル・デスポティズムに体現されるように、〔アジアを侮蔑した〕マルクス主義やリベラルな原理主義にまでおよぶほど多様であった（Hobson 2004）。かなり最近になるまで、近代性への移行について続いてきた言説がある。それは、いわゆる儒学の「過去の影響力」の形態をとって具現化した理念と強制命令に対するネガティヴな（ヴェーバー主義的）スタンスをとってきた。儒学は、共産主義体制においてさえ、中国と中国人が文化の近代化で示した戦略、政策、態度に影響をおよぼし続けてきたのである（Ferguson 2011 : Duchesne 2011）。

一方、西洋の地政学的・経済学的興隆がもとになった挑戦に対して、明清の中国の反応を説明・評価するために必要な研究があった。その研究を遂行する言語能力と知識力がある歴史家の多くは、今ではおおむね一四九二年から一八一五年にかけ、東洋と西洋のどちらも、「プラス面もマイナス面もあり、それらがさまざまに組み合わせられた近代性への移行」〔の時代〕に突入したことを認識している（Brook 2011）。マイナス面としては〔マーク・エルヴィンの古典的な分析的物語において、数十年前に詳しく述べた〕、早期にスタートし、数世紀間にわたり成功した有機経済が、生産可能性のピークと「高水準均衡の罠」〔経済・社会・科学技術が高度に発達していたために、新しい大きな構造変革の波に対応できない状態〕に至った経緯が、いくつかの点で明らかになる（Elvin 1973, 1996）。早いスタートをしたために生じたこの種の報復は、経済発展の歴史にはしばしば見られる（Wood 2002）。しかも、あとになって、環境に対する関心が復活し、それが広まったために、長期にわたり天然資源の集約的開発が増加していき、中国とヨーロッパのローカルな自然環境の悪化が不可避なことから生じた長期にわたる経済的問題が再構成されることになった（Marks 1998, 2012；Pomeranz 2000）。

◇「大分岐」論へ

中国とヨーロッパの関係史と比較史は、現在、マルコ・ポーロにまで遡る長期的言説の最新段階に到達した。それは、大分岐に関する議論の刺激的な表題となった。この議論は、二千年紀の転換期頃に出版された四冊の記念碑的な書物によって促進された。ロイ・ビン・ウォンの『転換した中国――歴史的変化とヨーロッパの経験の限界』（一九九七）、ディヴィッド・ランデス『国家の富と貧しさ――なぜ豊かな国家と貧しい国家があるのか』（一九九八）、アンドレ・グンダー・フランク『リオリエント――アジア時代のグローバル・エコノミー』（一九九八）、ケネス・ポメランツ『大分岐――中国、ヨーロッパ、そして近代世界経済の形成』（二〇〇〇）である。ランデスの書物（その前触れとなったのは、エリック・ジョーンズ『ヨーロッパの奇跡』（一九八一）である）は、中華帝国に関するヨーロッパ中心的叙述の伝統に沿ったものとして明確に位置づけられる。それに対し、ビン・ウォン、フランク、ポメランツの書物は、ヨーロッパ中心主義の伝統にのっとって中国を見下した態度から中国を救済しようとしており、その態度は、すでに一九八四年にはポール・コーエンの書物『中国における歴史の発見――近い過去のアメリカの歴史叙述』で雄弁に語られていた当時の中国研究の雰囲気を反映している。コーエンは力強く、こう断言する。「中国は転換のために必要な自己変革ができず、外国勢力の働きかけを必要とした。そして西洋の侵入に続いて、西洋で形成されたイメージを模した近代的な中国に取って代わられるという前提条件があったが、その構造全体が完全に覆されることになったのである」、と（Cohen 1984）。

ユーラシアの両端に位置する経済のあいだ（さらに、「文明」をもっともらしく拡大することで）に生じた大分岐をめぐり、知的な刺激をもたらして継続された議論がなされた。その過程で、近代西洋の中華帝国に対する見方の前提条件の基盤が揺るがされた。ヨーロッパ中心主義的な見方をすることへの賛成者と反対者がいた。彼らは、中華帝国経済に関してそういう見方をとることでもたらされる足枷から、本当にどれほど解放されたのだろうか。パルグレーヴ・ピヴォットシリーズの一冊である本書は、そういう研究をすることを計画してきたのである（Hobson 2004 : Duchesne 2011 : Ferguson 2011）。

このような挑戦（最近の環境史への転換によって刺激を受けた）は、いくつかの側面で進展し、約三〜

四世紀間にわたり、ヨーロッパ史だけが、国家形成、制度の構築、国内・外国貿易の市場拡大、企業文化の強化、とりわけ、近代的経済成長への移行に必要な科学的・技術的・組織的イノヴェーションの強化を目指した進歩的な軌跡の諸要素を例示するのであり、それは過去を振り返ることで理解されるという見解に到達する（Braudel 1981–84：Bairoch 1998：Landes 1998：Broadberry and O'Rourke 2010：Broadberry 2018）。

　中国史の専門知識がある歴史家は、労働生産性が持続的に維持される可能性の限界段階に到達するすべての要素は、西洋的なものであったという主張を退けてきた。彼らは、東洋の方が進んでいたし、一八世紀のかなり遅くに至るまで、中国（さらには日本とインドも）では、それらの要素が多少なりとも効率的に機能していたというのである（Wong 1997：Frank 1998：Pomeranz 2000：Von Glahn 2016：Francks 2016）。

　しかも、そのような歴史家がより厳しい批判をしたため、この〔大分岐〕論争から派生したものではあるが、重要な論点を提示することになった。すなわち、ヨーロッパの歴史研究は、イギリスや他のヨーロッパ諸国に利益をもたらす天然資源（とくに石炭）があったこと、さらには、幸運にも南北アメリカを発見し植民地化したために流入した高木性の作物、食料、有機的原材料、地金、鉱物、そして西洋と東洋のあいだの交易に従事したことにより搾取的に獲得したものからえられた独自の重要な利益〔の寄与度〕を過小評価してきたというのだ（Frank 1998：Waley-Cohen 1999：Goldstone 2008：Goody 2010：Marks 2016）。

予想されるように、ここに述べた中国中心的な主張には、ヨーロッパとアメリカの歴史家により、逐一異議が唱えられた。彼らは、多くが統計からなる証拠を生み出し続けた。その多くは、ヨーロッパの国家、制度、海外交易、文化、なかでも、より高い生産性と生活水準を創出し、維持する進んだ技術の特徴と優越性を示していたのである（Acemoglu and Robinson 2013）。けれども、比較史の観点からグローバルヒストリーを研究するほとんどの研究者は、南北アメリカの発見以前と以後の数世紀間において、中国が世界でもっとも進んだ有機経済と位置づけられるだろうという認識をとらざるをえなかったのである（Daly 2015；Deng 2016）。

第2章　中華帝国と西欧の経済的分岐に関する統計ベース

――一六三六～一八三九年――

要旨　本章は、大分岐の時期区分に関する統計ベースの提供に関与する研究者が使用・定義し、論争の種とするデータを評価し、修正主義者の重要な提案、すなわち、産業革命以前の数世紀間の中国と西欧の人々の生産性と繁栄の度合いが（ポメランツがいったように）驚くほど似ていたのを「検証する」ことを目的とする。このように広範囲にわたり徹底的に議論された「事実」が正しいように思われるなら、より効率的な国家、経済制度、文化信仰、有益な知識を蓄積するためのシステムの進化という点で、ヨーロッパのたどった方向がすぐれていたと主張することは難しい。西欧を研究する経済史家によれば、カリフォルニア学派の主張の中核とは、諸国の国民経済が提供する繁栄の度合いと水準を測定すべきだということにある。それには、意外性はない。彼らは、一八世紀後半以前に、一人当たりの生産高、身長、繁栄の水準、実質賃金は測定や認識が可能であり、（ヨーロッパと中国ではこれらの点で）異なっていたことを「証明した」と主張する。しかも彼らには概念的な曖昧さが残り、推論を説明できる歴史的証拠として使用されるものとしては、受けいれられなかったのである。（西洋経済史家とカリフォルニア学派の）議論の両方を綿密に調査した結果、（なかでも、中華帝国に関する）利用可能な歴史データの量と質から、（事実にもとづく理由だけではなく概念上の理由のために）統計をベースとした時期区分は提示できそうにないことを示した。彼らが歴史的証拠の性質と一致させようとし、中華帝国と西欧経済の同時代と長期的な測定をして比較した。そのときに用いられる（長期間におよぶ論争の全時代にわたる）出版点数の概念は曖昧であり、統計的には役に立たず、受け入れられるものではない。計量可能なものを計量するために、どちらの側からも賞賛すべき努力がなされてきたが、それは歴史研究にとっては間違ったパラダイムだとされた。それには、大分岐を継時的に追跡し説明するためのより適切なデータセットが必要だからである。

キーワード　歴史的軌跡　遅延　停滞　クズネッツのパラダイム　GDP　マディソン　ブロードベリー　デング　指数　実質賃金　生活水準　有機経済　生産性

◇中国の有機経済

〔大分岐に関する〕活発な論争が二〇年以上にわたって続いたのち、少なくとも一五〇〇年以降に関してはほぼ確実に、大分岐の分析によって、中国の有機経済は、近代西欧のフロンティア内部にある一群の国民経済以上に経済的・技術的に進んでいたということが認識されている。まずここから、〔議論を〕開始すべきかもしれない。一八世紀後半になって初めて、相互に関連性があるヨーロッパ諸国が発展し、科学的・技術的・経済的・地理的に、世界でもっとも発達し、強力になったにすぎないからだ（Goldstone 2002, 2008 : Hobson 2004 : Lieberman 2009 : Goody 2010 : Daly 2014）。

それゆえ、近代の大分岐に関する議論は、イギリスがリードした西欧の国民経済が中華帝国のそれを明らかに上回った時期、経緯、理由をめぐる大きな問題《メタ・クエスチョン》に終始してきた（Baumol 1994 : Goldstone 2008）。ユーラシアのこの二地域は、大分岐以前の数世紀間にわたり、経済的な関係は実質的にはなかった。それゆえ、近代のグローバルヒストリーの分析の枠組みからは、相互関係にある程度言及するとしても、詳細な点にまで踏み込むことは現実にはできず、経済成長の点から明確に異なる軌跡にしか関心を示してこなかったのである（Gregory 2003 : Macfarlane 2014 : Vries 2015 : Roy and Riello 2019）。

このような研究から提示される疑問の中核にあるのは、西欧経済で観察された一つの歴史的軌跡がより急速な発展に至ったのに対し、フランス革命と産業革命以前の約三～四世紀間にわたり、明確に、〔中国の〕遅れと衰退が生じた理由である。いずれにせよ、範囲が拡大し関係性が強まっていった地政学的・経済的関係（ヨーロッパ－アジア間の商業と競争を含む）から見た世界経済において、中国の相対的地位は低下したという点で、ほとんどの歴史家の意見は一致している（Marks 2016）。中華帝国の停滞は、伝統的な政治システムを維持したことと関連しているという説明がされるが、それは、〔中国が〕広大な領土をもつ帝国であり、時代遅れの制度、保守的な信仰、技術の遅れがあったということなのである。そのために、数世紀にもわたり、中国の農業経済が回避可能な停滞状態に陥った。そして中国とヨーロッパ、北米、オーストラレーシアとの分岐が生じ、その軌跡は長期的な相違を拡大し、それが維持されるようになったのである（Lebow et al. 2006；Ringmar 2007；Macfarlane 2014）。

このような見解を、近代の修正主義者は拒絶した。その理論の中核（それは、激しい逆襲を引き起こした）は、カリフォルニア学派の叙述にあらわれている。この学派は、フランス革命以前の数世紀間にわたり、西欧と中国の経済が驚くべきほどに似ていたと考えられる経緯と、高い水準があったという、今や有名になったテーゼを形成・強化・擁護した。西欧が優越していたという推定の根拠として使用されてきた政治システム、文化的信条、経済制度、科学技術が、より進んだ経済制度の証拠とみなされる生産性と生活水準との明確な差異を生み出すことは、これ以前にはまったくなかったというのだ（Pomeranz 2000）。

したがって、ヨーロッパの水準と比較可能な中国人の一人当たりの福祉水準に大きな差異があることを示す時系列をめぐる議論は、大分岐と大収斂〔中国とヨーロッパの経済水準が大きく縮小すること〕に対する真剣な言説が生まれるきっかけとなったことについての重要な導入部分となる（Baumol

1994）。もし容認可能な統計的証拠から歴史的軌跡と比較するために提示・収集される時期が特定されるなら、マクロ経済的なデータからカリフォルニア学派が主張した大分岐の理由とは、数千年間にわたる中華帝国の生産を取り巻く文化的信条、法規制、政治制度の枠組みが、ヨーロッパにおいては近代的な産業市場経済を実現させた構造変化だったのに対し、〔中国が〕向かう際には障壁となった長期的な経済的進歩への動きを促進したからだと、まとめられるかもしれない。カリフォルニア学派の議論は、長年にわたり確立されていたヨーロッパ中心主義的でありヴェーバー的な見解に異を唱えるために展開された、本質的に修正主義的な議論の妥当性を「検証」することを目的としていたのだ（Goldstone 2008；Parthasarathi 2010；Von Glah 2016；Roy and Riello 2019）。

◇理論的根拠を求めて

西洋の経済学者と経済史家は、中華帝国後期に関する彼らの見方が表面的でありヨーロッパ中心主義的だという批判に対する根本的な反論をしようとした。そのため、あまり説得力がなく議論の余地がある統計的証拠ではなく、理論的に説得力がある根拠を提供せよといわれたが、その挑戦になかなか反応しなかったというわけでもない。予想されるように、経済学者と経済史家は、市民に対して国民経済が提供する経済成長率と相対的な福祉水準を数量化する標準的で頻繁に使用される検証方法を繰り返し用いることで、カリフォルニア学派の中核となるテーゼを疑問視し続けてきた（Kuznets 1966；Maddison 2007；Broadberry et al. 2018）。

歴史研究をめぐるこのようなプログラムは、大分岐の議論の中心であっただけではなく、前近代の中華帝国と西欧の両方の経済史を理解する方法として、真剣な考察と比較、さらには精緻な研究のための議論をして、発見的な統計的証拠を明確に提供し続けているのである。このプログラムは完全に発達し、国民経済史、実証的な経済学、ノーベル経済学賞の受賞者であるサイモン・クズネッツによる長期的経済成長〔の研究〕をグローバルヒストリーの比較史に応用することで、数十年前に確立されたパラダイムの〔有効性を示す〕重要な事例となった（Kuznets 1971；以下を参照。Floud et al. *Cambridge Economic History*, Vol. 1, editions for 1981, 1994, 2004, 2014；Broadberry and O'Rourke 2010；Fogel et al. 2013）。

残念なことに、企業、農場、都市、地域、国家、帝国の長期的な経済発展を計測する成長率・パターンとメカニズムの相対的な水準の計量化をするために、歴史研究の結果として生じる潜在的に生産的なパラダイムに由来する結果が本当に正しいかどうかは、クズネッツの指数の構築に従事する研究者による最新の配慮、統計的証拠の利用可能性、接近方法、量、数値にかかっていた（Fogel et al. 2013）。このような指数は、たとえば一人当たりGDPの相対的水準、ヨーロッパ人の熟練・非熟練労働者と典型的な中国人農民の家計所得を計測・比較するために作成された。近代経済学と経済史は、計量化を重視した。それは一見したところ歴史的証拠を確認するものであり、科学的手法そのものだと考えられる。このように苦労して入手した透明性のある一群の統計的証拠は、どうもカリフォルニア学派の主張とは相容れないようだ。データによれば、統計的観点から見た中華帝国後期と西欧との格差は、〔カリフォルニア学派が主張する〕一八世紀後半よりもずっと以前から存在したことが明らかになったからである。したがって大分岐は、中華帝国の有機経済を維持するための文化・制度に長期的な欠陥があったという観点から分析・説明され続けているのである（Van Zanden and Ma 2017；Broadberry et al. 2018）。

時期区分から見れば、ヨーロッパ人と中国人は、一八世紀後半に至るまで「驚くほどに似ていた」世界で生活し労働していたという議論の中心にあったのは、もしその時期区分が明確な統計的証拠に裏打ちされているなら、〔ヴェーバー主義者が仮定した〕文化、制度、とくに非常に広大な帝国経済の経営に関して数千年間にわたり確立され維持されてきた中国の国制の長期的な欠点は、もはや弁護の余地がないほど明らかなことかもしれないということである（Deng and O'Brien 2017）。しかも、ヨーロッパと中国〔の経済〕が収斂し、やがて中国との究極的な大分岐に至ったことを示すものとして受け入れられる統計にもとづき時期区分をするなら、結局のところ偶発的な要因から生まれた結果だということが中国中心的な観点からは正しいかもしれない。偶発的な要因とは、あまり開発されていなかったことが知られているが、最終的にはかなり重要なエネルギー源、すなわち石炭というヨーロッパの天然資源が南北アメリカで本当に膨大であったこと、そしてヨーロッパを支配する唯一のヘゲモニー国家をヨーロッパ大陸に建設し維持することができなかったために生じた意図せざる国家間の競合関係、重商主義的な競争、長期にわたる戦争の合間に発生した出来事のことである（Lebow et al. 2006 and *special issues of Canadian Journal of Sociology* 2004, 2008：Allen et al. 2011：Vries 2015）。

◇到達した結論

西洋の大学で教育を受けた一群の経済学者がヨーロッパ経済史で高名な人々を支援し、教授した経済史家は、彼らのデータセットの正確性から考えるなら、大分岐は一八世紀よりずっと前に発生しつつあったと主張している（Maddison 2007 : Broadberry et al. 2018）。もしそうなら、最近収集され計測された統計的証拠は、伝統的なヨーロッパ中心的見解を支持する。すなわち、中華帝国の相対的後進性の軌跡・起源・持続性から見るなら、（ヴェーバー主義者が示唆するように）明確な相違は、一九世紀から二〇世紀にかけて出現し拡大するずっと以前に誕生・作動していた文化的信条と政治的・法的・制度的枠組みと、中華帝国と相対的後進性が続いたことに見出せるのである（Jones 1987 : Wood 2002 : Ringmar 2007 : Howell 2010）。

残念なことに、この議論において両方の側が使用した統計は、信用がおけない（Feuerwerker 1973 : Van Haute ed., *Special Issue of Low Countries Journal of Social and Economic History* 2015）。ほとんどの歴史家は、西欧経済に関しては、一次史料（信頼がおける指数を構築するために使用される公的なデータのアーカイヴ）を利用するものの、経済の成長率と発展の相対的水準に関して一貫性のある推測をすることは難しく、厳密な調査をしても、長期的な推計は構築できない（Persson 2010 : Bateman 2012 : Vries 2015）。中華帝国については、総人口、耕作地と収穫地、名目賃金上昇率、主要作物と工業製品の生産高、輸出入、標準的な基準となる計数貨幣のように信頼がおける指数を構築するために必要なもっとも基本的な証拠さえ、利用できない（Howell 2010；Feuerwerker 1973；Deng and O'Brien 2015, 2016.；だが、このような見解に対する反論としては、以下の論文を読んでいただきたい。Van Zanden and Ma 2017；Deng and O'Brien 2017 reply in the same journal）。

したがって、大分岐に対して両者が利用したデータへの近年の議論がようやく到達した結論は、大分岐が発生し、持続し、拡大した前近代の時期についての推量を決定する歴史研究をクズネッツのパラダイム〔長期的経済統計〕に適用しようとしても、それは不可能だというものであった（Deng and O'Brien 2016）。このように特殊な議論に対して〔科学哲学者の〕カール・ポパーならいっただろうが、そもそもパラダイムなる概念そのものが不健全なのだ。この議論の地位は、美術史における観念芸術に似ている。この議論は、長期的成長の分析的な叙述に必要とされる説明に近い概念として、彼らが構築する数値がもたらす印象を受け入れようとする人たちにとっては説得力がある。

大分岐に関する論争について、読者に手短に紹介しよう。中華帝国後期の経済水準に西欧の国民経済の一群が収斂し、その後分岐する時系列を決定する、概念的に有効で統計的に受け入れられる指数を構築するために最近公表された膨大な量の文献に関して、細かな点にまで徹底的にこだわることは、あまり意味がないように感じられる。統計的データの入手可能性をめぐる議論にとって、読者が読むべきは、*World Economics* におけるファン・ザンデンとデビン・マ、そしてケント・デングとオブライエンによる議論である（Deng and O'Brien 2017；Van Zanden and Ma 2017）。

経済史において、比較の指標を生み出すための課題はどこにでも見られるものであり、それは二つの定義にもとづいて予測される。まずなすべきは、説明されるべきもの、すなわち独自の指標が意味するものを特定しようとすることだ。この議論に参加している人々は、中華帝国後期と西欧経済のそれぞれの住民に付与する長期的な福祉水準の平均の相対的水準と変化の計測のために使用される指数を提供する。〔第二に〕この二つの広大な地理的存在、〔西欧と中国の〕人口規模、領土、生活水準は地域によって大きく違っていたので、論争に参加した多くの研究は、ポメランツの提起に従い、西欧と中国でもっとも商業化し経済的に進んだ地域に集中して論じている。彼の提起は適切であり、イングランドとオランダが西欧を代表する地域として、長江デルタ地域の太湖、三つの大都市〔北京、広東、蘇州〕と一つの小さな市轄区の松江区が、中華帝国をある程度代表する地域になった（Li and Van Zanden 2012 ; Deng and O'Brien 2017 ; Hatcher and Stephenson 2018）。

◇アンガス・マディソンのアプローチ

「グローバル」経済史で比較をするために地理的・社会的空間を明らかに狭めることは、満足のいく成果をもたらすものではない。むしろ、故アンガス・マディソンが中国全体に言及するために、一人当たりの国内総生産の一連の推計をより精緻にしようとして一九九〇年の国際ドルを共通の計算単位として使用し、この論争に参加した経済学者がもつ〔経済データへの〕偏愛を説明するかもしれない（Maddison 2007 ; Broadberry et al. 2018 ; だが、De Jong and Van Ark 2012を参照せよ）。

マディソンの努力は誰の目にも明らかであり、経済学者たちが最近それを精緻にしたところ、変化率と社会福祉の相対的変化、一人当たりの国内総生産の数値を国際比較するために最良の結果をもたらす推計を示すことには発見的性質があることがわかった（Broadberry et al. 2018）。とはいえ、その数値にはかなりの欠陥がある。それは、経済学者と歴史家が広く議論してきた明清の中国で生産された商品とサーヴィスの産出高の水準のマクロ経済的推計の構築のために利用可能な一次史料の範囲と特質、そして指数の性質を評価する点で問題があるからだ（Deng and O'Brien 2017）。〔ファン・ザンデンらが大分岐の指標として使ったヨーロッパと中国の〕出版点数は概念的に曖昧であり、統計的には説得力に欠け、「なるほどと思われる推測」の歴史的基準となる証拠としては受け入れ難い（Bolt and Van Zanden 2018）。しかし、中華帝国後期の国内総生産の水準を計測し、同時代の西欧との比較をおこなう可能性をめぐる論争は依然として続いており、すぐには終わりそうもない（Deaton and Heston 2010 : Stiglitz et al. 2010 : Deng and O'Brien 2016, 2017 : Brunt 2019 : Goldstone 2019 : だが、Van Zanden and Ma 2017を参照せよ）。

それと比較してあまり野心的ではないプログラムは、大分岐論に焦点を当てた分析をするための基本的な時期区分と統計的枠組みを、実質賃金のデータにもとづいて構築する歴史研究である。それについて熟考し議論することにもまた、発見的な性質がある（Broadberry and Gupta 2006）。残念なことに、プログラムは概念上大きな欠陥があり、中華帝国後期と統計的な比較をすることは不可能である（Allen et al. 2005, 2011 : Deng and O'Brien 2015, 2016 : Hatcher and Stephenson 2018）。

しかし、ヨーロッパ内部でこのような比較をするために、都市の建設業で雇用されている熟練・非熟練労働者に提供される一日の賃金率を、先進地域である西欧経済のあちこちで生活する人たちの生活水準の受容可能ないしある程度たしかな推計値として使用することができたかもしれない。不幸なことに〔中国を含めた計画に関係する研究者集団が素直に認めるように〕、中国の名目賃金率として入手可能なデータからは、中国の労働力全体を視野に入れた十分なデータを蓄積することは難しかった（Allen et al. 2005, 2011；Deng and O'Brien 2016）。国家が手がけた規模で支払われた賃金について触れている現在発行されている統計の大半は、日常的なことや実物賃金での支払いを記載しておらず、地域により多様で、消費する商品とサーヴィスを購入する扶養家族が賃金で購入するために使われる文〔貨幣単位〕と交換される貨幣単位の銀両〔秤量貨幣の単位〕で表示される（Kuroda 2013）。中華帝国後期の熟練・非熟練の労働者の両方に触れている記録は、西欧の歴史的な証拠と通約可能〔体系、概念、方法論などに違いがあるが、概念間の対応づけが可能であるということ〕ではなさそうだ。西欧では、中国よりはるかに多くの比率の労働者が、生活水準をあらわす指標のもととなる賃金労働に従事していたのだ。実物での〔賃金の〕支払いは中国ほど多くはなかった。記録は通常、地元の市場で日々の買い物をする労働者と家族が使用する通貨について触れている。ヨーロッパの労働者は〔中国の労働者とは異なり〕耕地を利用することはできず、生産のために親族をベースとして家計とそのネットワークに依存して働く機会はなかった。中国（とインド？）の名目賃金率から推測される記録から判断されることは、おおむね一八五〇年以前には、中華帝国後期、インド、そしてヨーロッパの大半に対してでさえ、賃金を頼りとして生活する家族の相対的な生活水準を示すためにある程度利用できる指数を構築できるという証拠として使用することは、あまりに曖昧なのでできそうにない（Deng and O'Brien 2015：Hatcher and Stephenson 2018）。

◇社会集団に焦点を当てる

このようなことをしても、ヨーロッパのデータと多少とも通約可能な〔中国側の〕データを見出すことはできない。なすべきは、ヨーロッパと中国の経済生活と福祉の水準が、大分岐の以前、最中、以後の人々の物質的繁栄に非常に適した近似値を計算できる手法にもとづいて計測される社会集団に焦点を当てることなのである（Allen et al. 2005：Deng and O'Brien 2015）。

大分岐の時期区分の近似値を決定するために有効な唯一の方法は、一七世紀までに、〔ヨーロッパと中国という〕二地域の労働者の通約可能性が減少していったという明確な事実を受け入れることかもしれない（Rawski and Li 1992）。中華帝国でもっとも先進的で繁栄していた地域でさえ、中国人労働者の多数は、土地を利用することができたし、家計ないし親族をベースとする単位の生産が支配的であった制度の枠組みの内部で、食料、有機原料、製造品を生産した（Perkins 1969：So 2013）。それは、西欧のより進んだ都市、繁栄する都会と諸地域には当てはまらなかった（Brenner and Isett 2002）。したがって、表面的には重要なこのような相違から生じる時期を決定するための潜在的にかなり有効な方法は（マーク・エルヴィンが数十年前に認めたように）、〔中国において〕農産物と工業製品の〔生産の〕両方に従事している農民と、ヨーロッパにおいて都市に位置する産業とサーヴィス部門での雇用から賃金をえている家族の実質収入と比較することであろう。しかし、袋小路を回避するこの方法が実現できなかったのは、ポメランツとその批判者の長江デルタで交錯される農場の規模の公的統計をめぐって最近明らかになった論争が示すように、計算の有効性は一七五〇年頃に耕作されていた形式上の地域は、七・五ないし一〇・五ムー〔一ムー（畝）は六〇〇〇平方尺とされる〕のどちらかということになるからだ。一〇・五ムーという数値がもし正しければ、大分岐は、あまりにあとの時代にあらわれたので、中国の経済規模、統治、制度、文化は、西欧との大分岐に至るような経路依存にもとづき歴史的に展開したと主張するヴェーバーの見解は支持されないというカリフォルニア学派の仮説の中核部分を統計的に強力に支持する材料になる（Deng and O'Brien 2015）。

たしかに残念ながら、この仮説の核となる部分を、統計的に検証することはできない。だが、中華帝国の中央集権国家は、エリートの官僚によって合理的に管理され、膨大な人口が存在し（そして、地元とあまり統治されていない帝国も）、広大で多様な領土をもち、経済的・社会的統治のために信頼のおける統計データを収集していた大分岐の議論をめぐり、両方の側から仮説が出された。この仮説は、それ以前の世代の中国史研究者は主張してこなかったものだ（Naquin and Rawski 1987；Feurwerker 1992；Leonard and Watt 1992）。しかも、中国研究者は、清代以前の王朝では、古典中国語で書かれた公式の歴史は破棄されたということを知っている。これは、中国の歴史家のあいだでさえあまり広まってはいなかった言語的能力を示す。

したがって、明清帝国の経済史に関するクズネッツ的分析のために利用可能な一次史料をめぐる有名な論争の過程で前提条件とされたものの信頼性は、あまり高くはなさそうである。議論の両側にとって、それは、より正しそうに思われる多くの統計的証拠に左右されるパラダイムがうまく機能しなかったことを示している（Brandt and Rawski 2008；Rowe 2009）。

著名な中国研究者であるリチャード・フォン・グラーンは、最近こう述べた。「近年の計量的歴史の研究と分析は、中国の文献から収集された断片的な歴史データにもとづいていることが多い。大きな問題は、ヨーロッパの研究者は、中国経済史の知識と理論構造に関する知識を欠いており、彼らが使用する数量的データの性質を理解することができていないことにある」（北京大学での二〇一九年五月のリチャード・フォン・グラーンによる講演。ケント・デングの訳文）。

第3章　環境と天然資源

要旨　本章では、綿密に考えられた二つの主張が提示される。より詳細なことは、第4・5・6章で分析される。中華帝国は世界でもっとも成功した有機経済として確立した地位を長く維持した。それは、生態学的に多様だという利点をベースとしていた。ヨーロッパとの大きな相違が発生し継続した理由は、この利点がだんだんと利用できなくなったからである。環境史家（エルヴィン、マークス、ポメランツら）が、ヨーロッパ中心主義ではない観点から、基本的な地理的事実と生産可能領域への中国の外延的発展の歴史に対し、中華帝国の国家・文化・制度よりも大きなウエイトと重要性が付与され続けなければならないとしたのは正しい。環境・政治・地政学の変数は、人口の回復と経済成長のサイクルがうまく機能していた農本主義的均衡を歪めるまでは、中華帝国の人々の高い生活水準を維持する状況を確立した。一方、バルト海地方とロシアとの海上貿易は、後進的ではあったが（中国の水準との差異が）収斂しつつあった西欧経済に、産業市場経済へ初期的な移行に必要な穀物、魚、木材、鉄、ピッチ、タール、亜麻、麻などの有機産物を供給したのである。ヨーロッパはまた、中国より以前から、大量に埋蔵され、安価に輸送できる石炭の形態をとって実現された燃料とエネルギーを開発しはじめた。最後に、ヨーロッパは、南北アメリカで開発され、利用可能な肥沃な土地、木材、燃料、森林産物、鉱物、貴金属から、本当に大きな経済的利益をえた。しかも、このような「授かりもの」は、新世界へとヨーロッパの若く健康で熟練した技術をもつが仕事に就いていない若者の移民、さらに重要なことに、何百万人というアフリカ生まれの奴隷が強制的に南北アメリカに輸送されたことで現実に機能した。黒人奴隷は、白人の移民には適さない気候に位置するプランテーションや鉱山で労働したのである。このような二つの理論は、明代後期と清代の中国は、（幸いにも）近世の西欧で利用できた大量の資源を使う手段はまったくなかったという見方を支持する。満洲体制が中華帝国を引き継いだとき、歴史的に見れば、経済は人口圧の上昇に直面していた。国内秩序と対外安全保障に対し、新しく潜在的にはより危険な挑戦をしていたのである。

キーワード　土地—耕作地と田園地　耕作地と収穫物　天然資源　自然破壊と環境劣化　有機経済と農本主義経済　灌漑　マルサス／リカードの圧力　国内秩序　対外安全保障

データに関する論争に参加しつづけても、獲得できるものなどほとんどなさそうだが、大分岐のデータに関する議論は、現在ではかなり進んでいる（Deng and O'Brien 2017）。まず第一に、中国が世界でもっとも成功した有機経済（近世ヨーロッパで、おおかた、生態学的多様性の利点をベースとする）として長く確立していた地位が低下したときに、ヨーロッパは海外の天然資源と、まだ開発されていない化石燃料から利益を獲得しはじめたと、環境史家は主張してきた。彼らは、近年の、そして伝統的なヨーロッパ中心主義的な観点からの中華帝国の国家・文化・制度の批判から認識される以上に、このような基本的な地理的事実にもっと大きなウエイトをおいて、重要視すべきであると主張する（Brenner and Isett 2002）。

◇西洋の勃興と中国の衰退

実際、現在の議論からわかるように、議論と反論からなる論争の中核にあるのは、西洋の勃興と中国の衰退は、おおむね、経済学者やその他の社会科学者による生態学的用語により説明されるということだ。彼らは、明代後期と清代の中国で数量化不可能な経済的・政治的・制度的・文化的な欠落におそらく関係する危険な統計は使うべきではないと主張する（Dixin and Chengming 2000）。さらに、ポメランツ、ペルデュー、マークスらの中国研究者が練り上げた有名かつ反論が難しい議論は、工業化以前のヨーロッパが中国に対して、収斂しキャッチアップする段階に至るまで、まだ開発されていない天然資源の重要性を論じていないか、最小限にしている（Perdue 1982 : Pomeranz 2000 : Marks

2012）。むろん、バルト海地方とロシアとの海上貿易は、後発的ではあったが、〔中国との格差が〕収斂しつつあった西欧経済に穀物、魚、木材、鉄、ピッチ、タール、亜麻、麻など、産業市場経済への初期的移行に必要な有機産物を弾力的に供給した（Grigg 1980；Kandar and Malanima 2013）。

第二に、しかしまた、現実に、安価に輸送できる石炭が、ヨーロッパには大量に埋蔵されており、安価に輸送できる石炭という形態の燃料とエネルギーを中国より以前から集約的に開発することができた。ヨーロッパは燃料とエネルギーを有しており、それらを集約的に開発しはじめ、数百万ヘクタールの森林地を牧草地と耕地に変え、人口成長率と都市化の上昇から生じる潜在的なマルサスの圧力を緩和させたのである（Malanima 2009；Overton 2010；Barbier 2011）。最後に、ヨーロッパ人は、南北アメリカの開発に利用可能な耕地、木材、燃料、森林産物、鉱物、貴金属から本当に大きな経済的利益を発見し、徐々にそれを獲得した（Jones 1987）。しかし、このような授かりものは、豊富な天然資源が何度も放出されることで実現・拡大することになった。そのため、ヨーロッパの若くて無職の青年男子の余剰と、たぶんもっと重要なこととして、ヨーロッパの船舶が大西洋を横切り、数百万人というアフリカ人奴隷が強制的に輸送され、南北アメリカの熱帯に位置し、白人移民にはとても働けそうにない環境のプランテーションや鉱山で働かせたために利益がもたらされたのだろうか（Hobson 2004；Broadberry and O'Rourke 2010）。

一見したところ、このように馴染み深いヨーロッパ内部と大西洋横断貿易の歴史は、次のような見解を支持する。それは、一三六八年に漢人の王朝（明）がモンゴル人を追放して以降、中華帝国が、かつて経験したことがない国内秩序と対外安全保障への新しい挑戦の可能性、人口圧、環境の悪化に直面するという歴史的危機にあり、幸いにも西欧に利用可能であった資源の範囲と量にかなり近いものを、明清には利用できなかったからにすぎないということである（Fairbank 1978）。中華帝国の生産性と生活水準に対する有害かつ政治的な脅威は阻止することができた。だが、国境内部にある天然資源を枯渇させ、価値を低下させた。そういう経済状態にある国々の人々にとって、それは長期間にわたり当然のことであったし、現在もそうなのである。こういうことが歴史的にどの程度生じたのかということは、次の点にかかっている。すなわち、人口の全般的規模と成長、既知の資源（なかでも耕地）が安全に開拓できる国境の拡大（防衛）の期待と耕地一単位で生産される有益で消費可能な産出高の増加、その質を上げる知識と資本の長期的な蓄積、すべての有機経済で生活する人々を生存させるために霜を除去した水が利用可能な期間、そして他の天然資源の総量である（Pomeranz 1993 : Sierferle and Breuninger 2003 : Acemoglu and Robinson 2012 : Deng 2015）。

残念ながら、現在のところ、近代の（グローバルな視野のある）環境史家が抱いてきた見方を、十分な情報量にもとづいて計量化することは不可能である。その見方とは、中華帝国の人々は、数世紀間にわたり、西欧のほとんどの人々と社会が直面していた資源と生態学的状況と比較して、（よく肥えた土地、鉱物、内陸水運、肥沃なデルタ地帯、多様な生態ゾーンを含む）より多くの量と範囲の食用作物を耕作し原材料を開発するのに適しており、高品質であるばかりか、より多く付与される多様な天然資源を利用してきたというものである（Gernet 1982 : Malanima 2009 : Van Zanden 2009 : Marks 2012）。

◇中国の農業史

中国のきわめて多様な数千年の農業史を数パラグラフに要約すると、次のように単純化できよう。ヨーロッパと中国のあいだの伝統的認識によれば、中国はヨーロッパよりも先に発展し成功した。そのベースが継続する基盤が、環境の悪化と政治的無秩序と関係する人口増加から発する圧力が拡大し、激しく不可逆的に侵食されはじめたときに、中華帝国の農業史の危機を最重要視するために必要な〔ヨーロッパと中国の〕差異を明確にする分析が可能になる、と（Elvin 1996, 2004）。

明王朝以前の数千年間に、中華帝国の耕地と田園地帯は非常に拡大し、多様な作物と動物を育て、ある程度灌漑がなされた。それは、中国の河川、小川、湖からの水、人口の運河、水路、井戸、水田からなる広範囲なネットワークにおける資本形成があったからだ（Bray 1986 : Deng 1993 : Goody 2010）。

中国の農場で生産される食料と原料が多様に組み合わされた。それには、茶、砂糖、フルーツ、香料、ハーブ、原材料である木材、ラミー、麻、綿、そして有名なものとして、絹があった（Mazumdar 1998）。地域的、そしてローカルな特産物が出現し、それは中国の多様な土壌、気候、〔作物栽培のための〕高度、水路をうまく利用した（Huang 1990）。交易の可能性が増大し、維持されたのは、川を広げ、深くし、流れをそらし、運河をつくり、道路を整備し、さらに少量の海外との交易により補うことによって帝国内部で高められた商業水準を維持するために、諸州、諸都市、村落を市場に統合したからである（Deng 1999）。

観察と学習をベースとする農業の知識は、長期的に改善された。中華帝国では、印刷形態の通信手段が早くから発展し、共通の言語を使用する地域があったので、地域を横断して最良の実践技術と生態学的にすぐれた穀物が普及した（Huang 1985；Deng 1993）。陸上輸送の費用が依然として高かった時代に、中国市場は、長距離であれ短距離であれ、水路によって十分に結びつけられた。しかも一方で、有益でローカルな知識は、広くそして簡単に拡散したように思われる（Elvin 1973；Gates 1996）。中華帝国は、数世紀間にわたり、相対的に高い水準の地域間交易と、多様な天然資源の形態で実現された潜在力を開発するために必要なイノヴェーションが開花したために、世界の主導的な有機経済として先頭に立っていたといってよいだろう（Adshead 1995；Barbier 2011）。

しかも、一三六八～一六四四年の明代の大半を通じて、中華帝国の天然資源がどんどん枯渇し、なくなっていった。そこから予想されるように、〔天然資源の枯渇と〕人口成長率の増加が同時に発生して大きな問題になったばかりか、それがあちこちで発生したので、生活水準が上がらないどころか下がってしまう状況が生み出されるというマルサス的な予測がもう少しで的中するところであった。だが、いくつかの理由のために幸運にも生じなかったのである（Twitchett and Mote 1988；Rawski and Li 1992；Lee and Wang 1999；*European Review of Economic History Symposium* 2008）。

第一に、気候がもたらすネガティヴな影響についていうなら、遊牧民に対して時折生じる戦争をともなったために、一七世紀後半に至るまで、死亡率は高いままであった。第二に、土地をもつことができない家族が、土地の耕作を伝統的な粗放限界〔低コストで高い生産量を実現する、簡単で粗雑な生産技術を採用する生産方法〕を超えるまで、土地、水路、他の資源を入手し続けることができた。第三に、帝国内貿易が支えた知識の拡散は、新しい作物と技術の導入につながり、生態学的にあまり条件のよくない場所での農業生産を促進したのである（Brook 1998：Brandt and Rawski 2008）。なかでも、中国の農業は、主要穀物のコメ〔の生産〕に集中していた。コメは、ヨーロッパ人に生活の糧を供給していた小麦などの主要穀物よりも、農地一単位あたりのカロリー数ははるかに多かったのだ（Bray et al. 2015：Shi 2018）。

◇中国の農業経済

中華帝国の環境の特徴を形成したこのような経済は、農業経済の日々の営みに介入するか、あるいは将来の農業と工業の進歩に必要なインフラストラクチャーに資金を提供するための一定の能力があると、漢人の体制によって主張された。そのようにして、圧倒的に農業経済である帝国が、国内の秩序と対外安全保障の支援と規則をある程度効果的に提供するための枠組みが形成された（Scott 2008）。たとえば、この規則のもとでときどき領土を拡大すべく侵略をする以外に、明国は、租税からえられたかぎられた歳入を使い、洪水、収穫の変動のような自然がもたらす不幸を緩和し、まだ未開拓の処女地を利用して、帝国の諸地域で居住する過剰な人口が安定して再定住できるようにはかった（Will 1990：Wong 1997）。帝国による支配を効果的に強制するのではなく、支配の象徴となることで、中国の皇帝たちは、能力に応じて、（科挙制度で示される）儒家の道徳哲学にもとづいて教育された少数の人々をリクルートし、地方で論争された公平な制度を指導し、遠隔地の中央政府からの課税要求に応じるよう監督した（Elman 2000）。しかしながら、中央政府の管理下にある圧倒的に多くの人々が、要塞（万里の長城）の建築のために使われ、中国の西側に沿って配置された軍隊を支援した。どこにでも見られる遊牧民の部族による略奪の脅威や、一二七九〜一三六八年にモンゴルの戦士が宋（南宋）帝国を征服して取って代わったことから生じたはるかに重大な侵略から保護するために、帝国の領土・財産・人民が、充当されたのである（Brook 2010：Vries 2015）。

漢人の王朝の規模を著しく減少させた破壊的征服は、明王朝が遂行した国防と地政学的な政策に消えることのない影響を残した。国境線に沿い、乗馬することで出現した軍事的に強大な部族は、安全に定住し農耕生活を送ることができる帝国の土地を包摂するようになった。にもかかわらず、管理可能な環境と地政学的限界内で中国の農民がおこなった開発は、伝統的な路線に沿い、帝国の土地、水路、多様な自然環境を、人口増加と小さな財政ベースを支える貿易と生産の特化と、生活の糧である作物の配分をうまく組み合わせたものだった。中国政府がかけた税金のために約二七〇年間にわたり、このような戦略は、国内の安全、対外安全保障、そして長期的にはたぶん最大の外的衝撃である悪名高いモンゴルの征服から回復しつつあった人民と農業経済に対して十分な歳入をもたらした（Deng 1999：Brook 2005）。

儒家の道徳と政治哲学が、中国人官僚と家産主義的な家族社会の行動に対して異常ともいえる権力を行使した。このような環境と地政学的な変数が、明王朝の支配下にあって進展した社会福祉とともに、人口の回復と経済成長のトレンドとサイクル〔を決定する〕条件を確立した。それは、環境の悪化と大きな政治的・地政学的危機とともに、水面下にあったマルサスの力が、明帝国内部で生活し労働してきた数百万人の中国の農民に提供してきた平和、安定と比較的高い生活水準と均衡を妨げるようになるまで続いたのである（Hayami and Tsubouchi 1989；Huang 1990；Brook 2005）。

マルサスの力の相対的「重要性」の計測は、GDPや実質賃金よりもはるかに困難である。それに対しケネス・ポメランツ、ロバート・マークス、そしてカリフォルニア学派は、西洋だけではなく中華帝国で近世の時代にずっとつきまとった生態学的制約を大分岐の分析的叙述の中心においた。中国の専門家として言語的能力ばかりか知識や能力をもつ人々が、中国とヨーロッパの歴史を比較し理解しようとしたのだ。そして、一八世紀のどこかの時点で――それ以前ではなくても――それまで遅れていた西欧の有機経済はこれ以上発展不可能な地点にまで到達した。それは、農業・工業・サーヴィス業で雇用される人々の生産性を高める基盤となり、都市の産業市場経済への移行を促進した。彼らは、このように論じるのに十分な量の歴史的文献を読みかつ理解してきたのである（Marks 1998；Pomeranz 2000；Lieberman 2009）。

彼らの見方によれば、このような展望・潜在能力・刺激が重要なのは、基本的に西洋が興隆した時点を決定する工業化、都市化、貿易などの支柱となる海外の市場だけではなく、食料、無機エネルギー、原材料が、明代の中国の進んだ有機経済で利用可能などんなものよりも獲得しやすくなった（彼らは，それはおおむねかなり幸運だったと考えている）からである。ヨーロッパの労働者の雇用と移転の構造的変化を維持するために必要な資源は，すでに進展していた中国の有機，帝国経済が経験したのと同じ手法や比率では動員できなかったかもしれない（Wong 1997 : Goldstone 2008）。人口が「幸いにも」モンゴルの征服と支配からある程度回復した明代後期には，土地と天然資源の供給が非弾力的であり，灌漑と輸送のための中華帝国の水路管理能力が制限を受けたので，生活水準〔の上昇〕には，少しずつではあったが，ますます大きな制約が課されるようになった。中国が早くから〔経済成長を〕はじめたことからくる不利益が拡大していった（Deng 1993 : Elvin and Liu 1998）。

◇ヨーロッパ中心主義からの脱却

とはいえ，中華帝国に関するヨーロッパ中心主義的な見方を掘り崩すために，カリフォルニア学派は，論争的かつ発見的な努力をした。彼らは，ステップ地帯を出自とする満洲の戦士が帝国を支配して引き継ぐとみなされる以前でさえ，中国史のこれまでの世代の研究者ほどには，食料と原材料の生産と輸送のために効率的に水路を管理するだけではなく，肥沃な低地と管理可能な水路を使用することで，労働に対して土地の割合が一定であり，家族の成員に対して増大し続けたとか，維持できたということは考えなかった。満洲が受け継いだときには，帝国の経済的・財政的ベースは，すでにマーク・エルヴィンが完全に深く心に刻まれる「高水準の均衡の罠」〔中華帝国の生産方法と貿易ネットワークは非常に効率的であり，労働力はかなり安価であったので，効率を改善するための資本への投資は有益ではないこと〕と描出した状態に到達していた（Elvin 1973）。

エルヴィンが上梓した一九七三年の記念碑的書物〔の議論〕を、カリフォルニア学派が論争し、精緻にし、前進させることはなかった。彼らの論争上の関心は、ヨーロッパ大陸東部のあまり開発されていない土地と南北アメリカの天然資源を開発したこと、それに加えてアフリカの人的資源の奴隷化から西欧が幸運にも獲得した利益に、挑発的なまでに集中していた。要するに彼らは、収穫逓減に至る経済成長を回避することが可能な軌跡に沿って継続していた大分岐の内生要因の重要性を、論争可能な論点として取り上げようとはあまりしなかったのである（Pomeranz 2000 ; Li 2007）。

まとめると、修正主義者の見解では、中国は満洲による帝国の征服と乗っ取り（一六三六～八三）から回復し、新王朝のもとで、マルサスの圧力にある程度効果的に適応し、人口増を加速化したのである（Li 1998）。中国史に関するヨーロッパ中心的な無知に対応し、中国政府に対するよりマイルドな見方を求め、ケネス・ポメランツは、ボジョン・リらの農業史家とともに、より商業化されて進んでいた華南のような農業地帯に焦点を当てた。江南では、勤勉な農民とその家族が、労働時間をいくつかの伝統的路線にどんどんと投入していた（Li and Van Zanden 2012）。何よりも農民は、所与の土地からえられた数シーズンにわたる収穫作物の数を数倍にした。さらに、洪水の被害に遭遇しやすい沼地を干拓し、山腹での耕作のための土地を拡大し、洪水の被害を受けやすい湿った低地へと進入した。彼らは、諸都市から多くの下肥を入手し、満洲からは大豆粕を移入し、畑に肥料を供給した。豆、タバコ、ジャガイモ、トウモロコシのような作物を輪作するようになった。可能であるなら、農地が生態的利点を有する換金作物に特化した（Li 1998：So 2013）。最後に、中国の農村世帯は、不完全雇用にある女性、子供、貧しい血縁者の労働時間を、ラミーと絹の家内生産のためにより多く割り当て、綿織物生産のために使うようになった（Rawski and Li 1992）。

大分岐に関して、わずかではあるがヨーロッパ中心的な提起がなされている。中華帝国の後期の農民は伝統的であり、合理的ではなく、証明された技術を作物の栽培や動物の飼育に適応することはできなかったと主張したのだ。作物や動物は、このように肥沃な中国の諸省で、はるかに集約的に耕作した小さな区画の農地で、一ヘクタールあたりの産出高を維持することができたはずだからだ（Hung 2008）。しかも（この点は、ポメランツによって裏づけられている）、不完全雇用の農家が使用できる労働時間を再配分することで、綿、ラミー、絹から製造された繊維、紡績糸、縫い糸、織物を家庭内で生産し販売しようとした。残念ながら、計測不可能である土地／労働比率の全般的低下を補うほど十分な事例があることを支持できるほど緻密で、資料化できる議論はなされてはいない。他方、穀物と綿織物の相対価格と商品の交易条件は、綿織物に有利な方向で変化した。そのため、比較的貧しい家族が、帝国の内陸部に位置する生態的に不利な地域から、安価な織物の販売のために帝国内市場に進入し、〔それまでの〕継続可能性を低下させ、交易を拡大し生産の特化をすることで獲得された利益が全体的に増加した。したがって、現実には、穀物産出高の上昇は生じなかっただろうと示唆される（Chao 1977：Lebow et al. 2006）。

◇「不可逆的な変化の局面」への対処

最後に、ポメランツだけではなく、その記念碑的作品で彼がかなり雄弁かつ言葉巧みに語ったテーゼを支持・研究する多数の研究者の議論について述べよう。彼らによれば、明代後期の経済においても、工業化した進んだ地域はあった。そのような地域で、都市の産業市場経済への移行と関連した構造的・技術的変化が生じた。だからといって、過去の特定の時点に限定して、そのような変化が生じたということが、果たして当然なことだったのだろうか。すなわちポメランツが *Historical Speaking* で最近書いたように、「いつでもすぐに」生じると思われた地域で変化が生じ、発展段階に至るとは、ポメランツも彼らも主張してはいないのだ（*Historically Speaking* September 2011）。

対照的に、ヨーロッパのさまざまな国民経済は、明から清への長波的な支配における地政学的移行の時代に、発展への道をたどったかもしれないし、そうではなかったかもしれない。その軌跡を考えるかどうかはさておき、中国の新しい環境史に関する最近の研究（エルヴィンが大きな刺激を与えた）は、エドワード・フェルメールの言を引用すれば、「完全に、後戻りできない新段階に突入した」農業がどういうものか明らかにしたのである（Elvin and Liu 1998）。スミス的成長を経験している有機経済の長期的進展においてはどこにでも見られる有害なマルサス主義的な局面は、明代後期に増加した地域横断的な移住と同時期に生じた。それ以降、残念ながら計測不可能であるが、中国の家族が帝国内部であまり肥沃ではない洪水や旱魃に襲われやすい高地や土地に移動することは、ひとたび新しい清王朝が征服し、平和を回復し、世界的な長期的天候不順と大降雨が終わると、誰の目にも明らかな長期的問題となったのである（Millward 1998；So 2013）。このような問題がもたらされたが、幸いなことに、一七世紀の数十年間における死亡率は高かった。一七世紀終わりの数十年間になるまで、中国の農業経済を根底的に悩ませ続けた問題点があった。それは、絶え間なく増加する人口であった。この問題に対応するために、明清の王朝は、帝国の耕作可能な土地の生産力を上昇させ、同時に徐々に草木を根こそぎにするように進めていった。だが、工業化への道を歩んでいたヨーロッパと比較すると、財政的制約と構造変化がなかなか進まない中華帝国は、中核的問題〔人口増問題〕に真剣に向かい合おうとはしていなかったのである（Will 1990；Li 2007；Elvin 2010）。

中国人は、さまざまな方法で、このように拡大したマルサス的な「不可逆的な変化の局面」に対処した。人口圧のため、数千年間にわたり、無常にも環境悪化が生じた。とすれば、頻繁に使用される科学的規定による食糧安全保障に必要な一日あたり二三〇〇キロカロリー以上の摂取を維持してきた生活水準は、どのように低下していったのだろうか。このことについて真剣に考えようとしている農業史家・人口史家が発表してきた印象的な参考文献を見ればわかるように、研究は蓄積されてきた（Huang 1985, 1990；Perkins 1969；So 2013）。

しかし、マルサスとリカードが予言し、エルヴィン学派が記録したように、環境の悪化は、多毛作の拡大、山麓のやせた土地の浸食、土地の造園、燃料と木材として使用される中国の広大な森林地の開発、そしてとくに、高地で生えている木々の伐採など、耕作のために林地を開墾することによって生じたのである。その木々は、周囲の土壌を侵食し、灌漑と水上輸送のために、中華帝国の広範なシステムの人工的水路とつながっている土壌、沈泥、そして石材の流れを妨げる天然の緩衝材を破壊した。高地から肥沃な堆積物がある低地へと制御不可能な水流がもたらす災害に対して、長期にわたり確立されてきた天然と人口の水路の保護、維持、修理は、中国農業が長期間に達成した際立った特徴であった。明代後期までに、耕地と、燃料や木材に対する需要が増大し、デルタ地帯、平原、肥沃な低地から、高地、耕作のために帝国内でより被害を受けやすく耕地には不適な土地へと、国内人口移動と土地を所有しない家族の移住が増えていったのである（Elvin and Liu 1998：Elvin 2004：Marks 2012）。

目立った技術革新がなかったので、一人当たりの農業産出高を伝統的な水準で維持するための投資、労働、原材料、組織と協力関係の複雑性がもたらすコストの問題が中国につきまとったばかりか、たえず拡大していったことに疑いの余地はない。中国の長い歴史において、天然資源が枯渇し、伝統的な手法で水路を共同管理することで収穫逓減が生じたときに、満洲が中華帝国を引き継いだのである（Perdue 1982：Tvedt 2010）。歴史的な理解は、大分岐をめぐるヨーロッパ中心的で発見的な議論よりははるかに進んだものになった。しかし、その結びつきは進歩した有機経済にもとづく長期の歴史であり、ヨーロッパの発展経路から考えるなら、構造変化の展望や可能性はほとんどなかった。清の皇帝は、このような問題に向き合っていたが、それは伝統的な中国の手法にもとづいたものであり、西欧と比較するなら、明らかに、発達の遅れを妨げることができない国家と体制のもとで対策を講じなければならなかったのだ（Rowe 2009：Acemoglu and Robinson 2012）。

第4章　明清という帝国主義国家とその農業経済

要旨　大分岐の論争に参加している人たちは、収穫逓減がもたらす生産可能曲線に到達した豊富な天然資源の開発に成功した農業帝国がもたらす問題が複雑ではなく、解決のために費用はかからなかったかもしれないということは決して論じない。本章で取り上げられる問題は、一七世紀の明の崩壊から緊急度を増した問題を緩和した国家〔清〕にとって、現実に利用可能な選択肢はいったい何だったのかということであるように思われる。これらの選択肢には、おそらく西欧が歩んだ道筋に沿った工業化と構造変化が含まれているのではないか。ヨーロッパ中心主義的な観点から、このような選択肢は現実には不可能だと失笑されるかもしれない。したがって中国の停滞は、内生的なものだと評されてきた。しかも、中華帝国が金融・貨幣制度、西洋の侵攻に対する防衛のために利用できた戦略の範囲、国内秩序の維持、耕作のための粗放的・集約的発展を考慮すれば、農業のためのインフラストラクチャーを軽視する帝国で投資増をするように〔国家が〕明確に介入するには、かなり制限があった。要するに、大分岐の歴史をめぐるすべての叙述の中核に含まれていたのは、明清の体制が早期にスタートしたが長期的に失敗したことに対してつきまとった不利益であった。そもそもそのような体制が、有機経済、農本主義経済の成功をともなう帝国統治のための財政的資産と実行システムをもつ国家を創出したのである。

キーワード　財政能力　国家形成　官僚制　公共財　国内秩序　対外安全保障　帝国主義的拡大　国内人口移動　国外移住　共通資源　相互的だが時代錯誤の比較

◇カリフォルニア学派の挑戦

経済史家は、近代的経済成長への移行には数世紀かかり、それは相互に関連した一連の制度を確立し維持することで促進されたことを知っている。しかも、このような進展は、国家と名目的には国家に従属的なエリートが遂行した戦略的投資と経済政策によって維持されるか、あるいは抑制された。現在の「ヨーロッパ中心主義的な視点」によれば、説明可能な歴史的・地理的・政治的・地政学的・経済的要因があったにもかかわらず、中国の帝国主義的国家は、明代後期から清代（一三六八～一九一一）の人々と共同体が直面したマルサス主義的な挑戦を乗り越えるだけの制度を確立・維持することはできなかった（Peyefitte 1992；Vries 2015）。どちらの体制でも、商品・労働・資本の市場の拡大と統合への投資は、イギリスと西欧の近隣諸国が遂行した重商主義政策と比較するなら、構造変化によって生じた農業発展をもたらすにはまったく不十分であったと、さも当然のように叙述されてきたようだ（Rowe 2009：Vries 2013）。しかも、帝国主義的国家〔清〕はまた、商品とサーヴィスの生産、輸送、流通のために使用される、戦争、防衛、国内秩序、公衆衛生、民間医療などの科学技術的知識の発展と導入を促進できなかったと、非難されてきた。こういう側面から、帝国主義的国家の役割は、この種の知識の形成と拡散に対する無関心ないし潜在的な障害物だとして、さまざまな表現により論じられてきた（Leonard and Watt 1992；Duchesne 2011）。

カリフォルニア学派は、このようなヨーロッパ中心的で伝統的な考え方に対し、時代遅れであり無知そのものだと、いくつかの根拠にもとづいて批判してきた。そして、明と清の歴代の政府が遂行してきたポリティカルエコノミーが機能不全に陥った理由を以下のように説明する。より中央集権的で重商主義的な国家権力が利益と階層性を求めた政策を追求したヨーロッパとは対照的に、中国の帝国主義体制は、政治的安定、地方の利益、社会秩序、そして全般的福祉を重視して適切な対応をせず、状況と優先順位を歴史的に理解するということができてはいなかったからだ、と（Wong 1997：Waley-Cohen 1999：Pomeranz 2000）。

さらに修正主義者は、統計記録から、一七八九年以前の数世紀間にわたり、ヨーロッパの諸国家（とくにイギリス）が、長期的経済成長を促進するために一連の好都合な制度を維持してきたことを示そうという主張の根拠を掘り崩そうとした。西洋の歴史家は、中国のマクロ経済的な管理方法は西洋と違っていたばかりでなく劣っており、しかもまた、一八〇〇年以降、有機経済を運営する国家にとって必要なものが変わったかもしれないという結論をくだした。経済統治の手法と技術水準は低下し、危機を招くことになったということだとした。修正主義者は、そういう態度に批判的であった（*American Historical Review Forum* 2002）。

一八世紀後半になるまで、重大な経済活動の停滞を示す統計的な証拠は実際には存在しないと主張することとは別に（第2章で略述した理由のために、経済活動は停滞しなかったが、残念ながら計量化できない）、カリフォルニア学派は中国国家を擁護し、インフラストラクチャーへの投資、生産、流通、為替、社会福祉、技術革新のために中国が維持した制度に高い評価を出した。とはいえ、それには依然として説得力がない（Brook 2005；Goody 2010）。彼らの見解は懐疑的な反応をもたらしたため、中華帝国の市場を取り巻く規制・規則・制度の継続性に対する歴史的調査の波動を呼び起こす刺激剤となった。彼らの調査と議論の対象となったのは、商品、資本、労働、生産と防衛を目的とした技術と組織形態へと変貌した知識の蓄積であった（Zurndorfer 2016）。

◆反駁されてこなかった論点

中国とサンプルとなるヨーロッパ諸国、そしてそれらが維持した制度を網羅する、かなり特定の観点から相互比較をする最近出版された歴史研究の文献目録は、広範囲かつ詳細になりすぎたために要約することはできず、統合することも大変難しい。とはいえ大分岐に関する議論は、中国はたしかにヨーロッパとは違っていたとか、ヨーロッパのようにはなれなかったという旧来の見下したヨーロッパ中心主義的な視点から中国を救済してきた。しかしながら、農業生産と貿易が増加（機械化された産業への構造変化の促進はいうまでもなく）したために、帝国のインフラストラクチャーが枯渇し、その価値が低下したことからもたらされる問題により効果的に対応しようとして、中華帝国後期の国家、およびその時代に維持された（もしくは交替したり改革したりできない）制度への主要な批判について、反駁されることはなかった（Brandt and Rawski 2008；Kent 2010；Rosental and Wong 2011；Tanimoto and Wong 2019）。

第一に、明代と清代の体制への批判の中心は、両体制が、無秩序状態の悪化とともに生じた人口圧

（フィリピン、ジャワ、インドを取得したあとで）と、清の支配下で領域が非常に拡大した帝国の対外安全保障に対して、西洋の帝国主義者がもたらした迫りくる脅威への対抗に必要な資金を提供するために、長期的に機能する財政・金融・貨幣制度を構築できなかったということであるはずだ（Leonard and Watts 1992 : Dunstan 1996 : Elliot 2001 : Peterson 2002）。

おそらくは、このように計量化されてはいないが、理論的には計量化可能な批判でさえ、検証が困難なことがある。それは、帝国のマクロ経済的・社会福祉的な目的のために、中央政府の指令を出すことで可能になる総出費に関する全般的な説明（あるいは、総歳入の近似値として）は、税金と地代を充当し配分した当時の帝国の支配エリートにも、現在の近代史家にも利用することはできないからである（Feuerwerker 1973）。一六八九年から一八三九年にかけて、中国の圧倒的な税収源（地租）に関して、サンプル年の公式記録が現存している（Wang 1973）。中国が商品とサーヴィスに資金を充当し収容するほとんどの「原初的課税」——賦役労働、爵位、称号、独占権の販売による利益——が、体系的に記録されることはまずなかった。それ以外の、たぶん量的には十分だが記録されていない「公的な」歳入は、国家の名のもとに、十分な賃金が支払われていない小集団の任命官僚により臣民から奪い取られた。官僚と、「非公式的に」地元でリクルートされた事務官やその補助者からなるはるかに多数の労働者たちは、それぞれの地域で公共財とサーヴィスを提供し、大きく拡大しつつあった満洲帝国の県・省・地区の内部、さらにはそれらを越えて課税するための査定をする義務があった（Zelin 1984 : Park 1997 : Deng 2012）。

中国とヨーロッパの近世国家形成においては、歳入を獲得・維持・増加し、その査定と徴収に関係するときに不可避的に生じるコストを最小限にするために、支配エリートがあらゆるところで頼りにした強制的手段を行使できる範囲が決定的になった。中央政府が定めた方法と比率で中核となるこの機能を実行するためには、人員も資金も足らなかった。強制手段が公共財とサーヴィスに資金を提供する手段のための需要とニーズを満たすことはもちろん、拡大するために有効なものになることは滅多になかった。それとは反対に、制度化された略奪行為は、国家の能力を減少させ、発展のための政策を定式化し実行したが、経済成長の中核となる前提条件である税の回避、憤り、抵抗、最終的には脅威を呼び起こすことが多く、そのため国内秩序は悪化した（Gray 2002：O'Brien 2014）。

しかし、国家の負担となり、非効率的でガタがきた財政・金融システムは、東洋と西洋の近世の政体の特徴であった。それゆえ、ヨーロッパと中国の国家の臣民から充当・徴収された歳入の総額と、〔中国のように〕公共財の供給のために割り当てられた相対量の差異を比較するデータが利用できるようにならなければならない。さもなければ、全体として小規模なヨーロッパの中央政府と地方の当局のサンプルと比較した、中国という中央集権的国家とそれに付随する地方当局の金融・財政能力を現実に計測することは困難であろう（Kent 2010：Karaman and Pamuk 2010）。

幸運にも、中華帝国と主要なヨーロッパ諸国のいくつかについて書かれた財政政策と行政に関する二次文献の質と量は、ヨーロッパと中国の計量的な比較史を構築するために利用可能なほとんどの分野の文献よりも多いだけではなく、すぐれている。また、地租の統計的記録以外にも、中央であれ地方であれ、中華帝国の財政史を扱う専門家の書物や論文の文献目録がある（Wong 1997）。彼らが引用するのは公的なデータであり、それにより、一六八三年から一八三九年にかけての特別な年度で中央政府が使用可能な銀両で示される歳入総額の推測値の下限がわかる。それとほぼ同じ信頼性がある大まかな推計値が利用できるのは、ヨーロッパの数カ国にすぎず、連合王国〔イギリス〕とオランダにはそれ以上の正確性がある会計資料がある。公的なサーヴィスに対して法的に徴収され、地域的に課された課税のために利用可能な統計は中国にはなく、ほとんどのヨーロッパ諸国ではあまり記録されてはいなかった（Deng 2012 : Yun-Casalilla and O'Brien 2012）。

しかし、公表された一人当たりGDPとは異なり、中央政府が受領した歳入という形態をとった実質賃金や農民の所得〔の数値〕はかなり正確であるように思われる。そのため、公共財を供給する資金投入可能な政策を遂行することを目的とし、帝国国家〔中国〕と国民国家〔ヨーロッパ〕の相対的能力を正確にとらえる方法の適用範囲が明確にわかるようになった。たとえば、清国が受領したり記録したりする歳入総額の記録を、清国当局に帰属する人口・領土・国境の長さ〔キロメートル〕で割るなら、イギリスを含むいくつかの西欧諸国の歳入と比較可能である。これらの数値は、諸国家が臣民に課した税の相対的負担の条件を満たすために必要な財政・金融の資源に国家が影響をおよぼす支配圏を比較するために有効であるばかりか、ある程度は受け入れられる推測ができそうだということを示す。したがって、数グラムの銀に相当する量の穀物ないし労働日数に換算することが可能なのである。清国の中央政府が中華帝国に提供した公共財とサーヴィスのために徴収し割り当てた歳入の統計への異議は存在する。それは、単純に包括的ではないので、ヨーロッパ諸国の歳入と歳出と体系だった比較ができないということであり、歳入と出費は、北京に移転された地租の受領額（と支出）として記録されたものを二倍、三倍、さらには四倍にし、清国と属国の歳入の推計値を提供したものだからだという理由なのである（Liu 2005：Vries 2015）。

◇説得力ある見方の登場

このような「事実に反する計算」（counterfactual arithmetic）をベースとすると、ヨーロッパ中心的で否定的にすぎないが、統計的にはある程度は説得力がある見方が登場した。それは、まったく脆弱な財政能力しかない清国の中央政府が満洲帝国の王朝が権力を強化し、漢人を支配し、一六八三年に〔台湾を併合することで〕帝国の領域を拡大した人口成長、国内の無秩序、対外安全保障、環境の悪化がもたらす圧力に対処したということである（Karaman and Pamuk 2010：Ma 2014）。

しかし、潜在的なマルサスの問題、時折生じる無秩序、そして帝国の一体性と安全に対する脅威は、すでに明王朝の末期にはあらわれていた（Brook 2010）。中央アジアのステップ出身の軍人王朝が中国の軍事力を再編成し、帝国の国境を越えて遊牧民の軍隊が絶えず侵入しようとしていたあとでさえ、問題は大きくなっていった。万里の長城の建造と境界に沿って守備隊を配備するための出費が膨大だったにもかかわらず、地政学的な脅威は続いたのである（Spence and Mills 1979）。しかも、清王朝の主権が強化されるとすぐに清軍は西に向かい、何度にもわたる戦いのあとで、中国の西部と北部の国境沿いに位置したモンゴルなどの軍隊を打ち破った。満洲人、モンゴル人、チベット人などが住む低密度で広大な、潜在的には開発可能な領土がそれによって帝国に編入され、清代に中国の領土は〔明代の〕二倍以上になった（Perdue 2005；Patterson 2006）。

満洲は明を征服し、さらに中央アジアの攻撃されやすい領土を所有・定住した。それは結局、漢人が数世紀間にわたり求め続けてきた陸上での略奪と侵略に対する対外安全保障を提供してきたということなのである（Smith and von Glahn 2003）。満洲の帝国主義は、耕作可能な土地、鉱物などの天然資源、長期にわたり定住してきた余剰となる人々、人口が多すぎる低地帯、そして定住してきた古代中国のデルタ地帯にある数百万エーカーの土地を利用する可能性があった。しかも、中央アジアの国境沿いに位置する要塞と駐屯地に費やす出費を削減することから生じる〔軍縮により浮いた軍事費を平和目的に割り当てる〕「平和の配当」は、生産と貿易のために帝国が支出するインフラストラクチャーを近代化する可能性があり、分配されるかもしれない歳入として利用されてきた（Struve 2004；Andrade 2016）。

清国を研究する歴史家は、洪水、干魃、収穫不足などの繰り返される自然災害から救済するために維持し、ときには増加することさえある出費について、まっとうな認識をしてきた。土地と定住先の購入と開拓に向けての補助金は、土地をもたない人々にも拡大されていった。中国の「異邦人」'alien'の支配者は、自然災害の緩和や、帝国内部で貧しくて土地をもたない労働者の比率が増加したことから生じた状況を改善するために、慎重に、伝統的政策を維持し、それに資金を提供することを怠らなかったようなのである（Feuerwerker 1992；Wong 1997；Deng 2012）。

しかしながら、このような「儒教的」福祉政策（それは、中央と地方の政府のための徴収された歳入のなかで比較的小さな割合しか占めなかった）を別として、帝国の体制は、人口成長率の上昇を起因とする人口圧に対応する財政力を引き継ぐことも確立することもできなかったという批判を避けることは、今考えると難しかったように思われる。

生産量が増えなかったのは、本質的に財政的要因のためであった。（ヨーロッパとは異なり）中華帝国の運営主体であった清もそれ以前の王朝も確立できなかったことがある。それは、日々の必需品を入手するために流動性を増加させること、それ以上に、固定資本形成に投資をするために、信用を規則的・系統的に利用して資金調達するのを促進することであった。一九世紀のかなり後半になるまで中国には、政策と統治のために公的債務の蓄積という手段を利用することなく、資金が提供された。そうなったときには、散発的ではあれ、財政赤字を解決するには、国家の出費に緊急かつ不可避的に生じるニーズに資金を提供する「強制的な贈与」をすることを目的とし、商人に課される強制的資金調達が必要であった（Feuerwerker 1992）。

◇大分岐が明確になった原因

このように、時折生じる略奪に至る展開とは別に、人口圧が拡大したことを示す明確な証拠がある帝国主義的国家が遂行した自由放任政策は、長期間におよぶ中国と西欧の経済の水準を比較し、説明をすることで理解される大分岐について明確化することができる（Kaska 2017）。大分岐が明確になった時期、偶然ないし語るに値する理由、西洋の経済的・地政学的勃興が何であれ、中国の制度と、生産の拡大を止めて帝国のインフラストラクチャーの経済的管理を追求する戦略は、不十分ではあっても、一六八三年から一九一一年にかけての清国の地域によって異なる経済力の最大かつもっとも重要な部分と関係していたのかもしれない（清国の経済政策に関するよりポジティヴな解釈として、Wong 1997；Pomeranz 2000；Deng 2012 を読んでいただきたい）。

だが、中国史上もっとも費用がかかり破壊的な国内反乱であった太平天国の乱（一八五一～六四）の敗北ののちも、財政ベースの拡大のため、清国は帝国内と国際商業ないし工業製品にかかる税の範囲を広げようとしたが、土地にかかる圧倒的に比率が高い伝統的な税（それを補っていたのは、塩の消費にかかる税であった）以外のものは、実質的にはなかった。さらに、清政府の圧倒的に大きな歳入を中央政府の財源とするか、従属的な地方当局の手に入るように査定・徴収・移転することが必要であったが、そのためのベースと規則は、数世紀続いたばかりか、財政史家が公平かつ生産的であり、継続するためには遵守可能なものだと考えられるような方法で定式化されることも組織化されることもなかった。たとえば、明清の体制においては、帝国の課税可能な農地の記録を実行するための調査は、ただ一度、しかもごくわずかしかなかった。どちらの時代も、地域的ではあったが、本質的に肥沃土が異なる多様な耕地を、財政のベースを改革することで、計測の近似値として中華帝国の共通の単位であるムーを標準化させることはなかったのである（Perkins 1969；Deng and O'Brien 2015）。しかも、地主も農民も、国家の必要性と優先事項への代金を支払う責任を回避できたかもしれない。農民は、多毛作と有機的肥料を使用することによって、課税される土地一ムーあたりの産出高のシェアを高め、維持することができた。一方、地主は、現地に住んで査定をおこなう少数の幹部と結託し、国家が郷紳に委託する権力を悪用し、はるかに遠方の北京で統治する皇帝のために歳入を査定し、徴収し、割り当てるために行動した。皇帝は広大で異質なものが多数ある帝国に対外安全保障、国内の安定、自然災害からの救援を提供するために、天から権限を委ねられていた（Chang 1955 : Zelin 1984 : Waley-Cohen 2006 : Rowe 2009）。

しかも、明清のどちらの体制下でも地租を納入させる責任は官僚にも課された。地租は標準化されない貨幣勘定の単位の銀両であった。中国の「半公的な」貨幣は、栄養物のキロカロリーと労働時間大量に流通する銅貨の購買力を示した。地域と時代によって多様であり、貨幣で示される購買力には現実にはあてにならなかった（Kuroda 2013）。金銀比価で銀に有利になるように変化した一八〇〇年以降、納税者の負担は大きくなった（Hirzel and Kim 2008 : Horesh 2012）。

「税金と借金の動きを研究」し、中国の税制は単一の税に依存していたと結論づける財政史家は、中国の税制が、人々の従順さを強め、徴収、税逃れのコストを削減するのに十分な効力を発揮したので、中国は国家の中心部と政府の地方の機関に十分な歳入を提供し、帝国が公共財の必要性を増大させるのを支援することは意図していなかったと結論づけた（Deng 2012）。財政制度の建設的な改革は、第一次アヘン戦争（一八三九～四二）で敗北したあとで討論されることになった。その後太平天国の乱

（一八五一〜六四）のために、帝国の軍隊の人員と資金は危険なほど不足しており、国家主権に対する長期的でかなり破壊的であり、もう少しで成功するところだった挑戦に対応できなかったのである。このように悲惨で多額の費用がかかる衝撃が生じる以前に、満洲のエリート（かなり遠い帝国から異邦人の統治者として働いていた）は、政治的にも儒教の教理にもとづき慎重に行動し、明から受け継いだ財政・金融制度とイデオロギー的限界のなかで帝国を統治したのである（Feuerwerker 1995；Deng 2012；He 2013）。

一八一五年に嘉慶帝が出した勅令には、こう書かれている。「われわれの王朝は、永遠に地租を上昇させるというわけではない。地租は定期的に徴収するが、それはこれまでの範囲内にとどめ、旱魃と洪水のときには、税の減免と付託を認める。それは、国家を人民の利益に供することで、人民の喜びには限度がなくなるからである。多くの人々の財産の保全をすることは、王朝を維持する基盤なのだ」（Pines 2012；Kaska 2017）。

数十年間にわたり、嘉慶帝の王朝は、課税能力の増大、または借入れにより十分な歳入をえて、人口圧と環境悪化を経験している進んだ農業経済の問題に対処することがなかったのはいうまでもなく、帝国の対外安全保障への挑戦の可能性と予測に対処するために必要な軍事力と海軍力を提供することもなかった（Leonard 1968；Dunston 1996；Waley-Cohen 2006）。

灌漑システムへの出費水準が増加することに依存した農業経済の諸問題は、天然資源を開発して生産可能性のフロンティア〔経済に存在する資源をすべて使い切ったときに、生産可能な生産物の組み合わせ〕

に達していたためにあまりに高価で複雑になるので、解決することはできなかったと主張する中国史家は誰もいないだろう（Chao 1986 : Crossley et al. 2006）。とすれば、大分岐に関して探究すべき問題は、中国に利用可能な選択肢は、現実にはどういうものだったのか、ということになる。だが選択肢は、当時は経路依存だとは気づいておらず、ユーラシアの反対側にある帝国に簡単に移転することはできないということがわかってはいなかった西洋諸国が遂行していた政策を真似ようとしていた清体制にとって、はたしてアピールするものがあったのだろうか。あるいは、振り返ってみれば、大分岐の問題は不可避であったとして簡単に見逃すことはできない内生要因のために中国が衰退した要因の一つになると歴史的に説明するなら、より現実的な定義づけができるのだろうか。中国史家にとって、いくつかの事実に反した仮定（counterfactual）は、十分に納得のいく選択肢であるのに対し、構造変化、工業化、都市化をベースとしたイギリス、オランダ、場合によってはフランスの経済成長のモデルを模倣しようと考えることは、そもそも発見的ではあるが、時代状況を考えていない乱暴な意見だと無視することに説得力があるのだろうか（Rowe 2009）。とはいえ、あとから考えると、中華帝国の財政・金融・貨幣の制度に対して徐々に改革するプログラムを考えることなく、経済への意図的で積極的な介入を目指した清政府に利用可能な選択肢は、財政・金融・制度の転換に関与することができなかったためにかなり制限をされたのではないかという推測をすることはできる。あえてそれを拒絶しようとしている人は、ほとんどいないだろう（Horesh 2014 : Vries 2013, 2015）。

帝国の粗放的な辺境の耕地は大きく広がった。それを開墾するための資源を自由に使用し、移動させ、あまり肥沃ではない耕地にそれまで以上に定期的な水の循環を促す手段はなかったにもかかわらず、清国はそのための投資はほとんどしなかった。清は、明代後期に灌漑された農地の質が低下し、輸送と交易のための水路が悪化するのを阻止するまではうまく機能していた管理方法を、実際には捨て去ったのである。

◇危機を放置した清国

中国農業は、数千年間にわたり発展した。自然災害と略奪をおこなう遊牧民がもたらすリスクがあったので、余剰となる不完全雇用労働者は、肥沃な土壌、恵まれた気候、スムーズに流れる水路を利用し、国家によるわずかな保護がある土地へと移住していった。人口が増加するにつれ、国内人口移動、開墾、それ以前の土地と同程度の肥沃さと生産性がある水路の近くの土地への定住の見通しは、すでに耕作されている肥沃な低地地帯の粗放な周辺地においては減少していった。一方で、満洲族が率いた征服によって帝国に組み込まれた広大な領土、川、小川などの天然資源が良質で、場所的にも到達が容易であったとしても、中国のように生態学的に温和であり生産的であり、長期間定住した地域から移住するには、経済的な発展可能性と魅力を欠いていた（Millward 1998）。にもかかわらず（開発を促進するために土壌、森林、鉱物の調査をした日本の帝国主義者と近代の地理学者の調査が示唆するように）、それは満洲にはほとんど当てはまらなかった。だが、数世代にわたり、中国の満洲統治者は、土地をもたない漢人が、資源が豊かな故国ないし近隣のモンゴリアに集団で定住することを制限することに対しては、良くても気が乗らなかったし、悪くすれば無視していたのだ（Elvin 2004）。

理由はよくわからなかったが、清国はまた、臣民が帝国の外に移動しようとするとそれを妨げ、移住しようとしたときに、彼らを保護しようとはしなかった（Isett 2007）。むしろ、清政府は、灌漑、排水、輸送の水路にはしばしば適しておらず、それまで使われていなかったが耕作可能な土地への国内人口移動、開拓、再定住を推進し、財政的な支援さえした（Deng 2012）。だが、その結果（木材と木材からできる燃料の価格が上昇したために非効率的になった）、伐採、山の低い斜面で生長している木々と低木、草木の栽培を、茶、ジャガイモ、トウモロコシ、タバコなどの新世界の換金作物で置き換えることが促進されたのである（Marks 1998 : Elvin 2004, 2012）。

そのために、帝国の耕地の周辺部は、高木が生える高地の開墾がなされ、実質的に規制がない高地・干拓地・溝に投資されたために拡大し、下方に水が流れるようになった。森林を切り開き、軽い砂地と岩がちの土地にまで耕地の周辺地を拡大した。直接的であれ間接的であれ、それが耕作に適した土地での農業に従事する労働者の大部分に対する外部不経済〔市場の外部に、市場での取引によって生まれた不利益が影響をおよぼすこと〕を実現したのは残念なことである。そのために周辺地は、小雨しか降らない旱魃が激しいシーズンに起こる制御できない洪水の被害を以前よりも受けやすくなった（Dixin and Chengming 2000）。

一七世紀のあいだ、世界の他地域の農民と同様、中国で栽培された穀物の産出高も、世界中を襲った小氷期のネガティヴな影響を受けることになった（Parker 2013）。そうなったのは、水が濾過されず通過せず効率的ではなかったので、岩と粘土がある水流を制御することができず、国内交易と特産物の流通に使用される河川と水路の交通が妨げられたときのことであった。共通の資源としての水路を共有する村人、農民、定住者と移民のあいだの至るところで生じた伝統的な緊張関係は、人口増により食料を確保するために耕地の周辺地を拡大し、さらに彼らにかかる圧力に対抗しようとして、帝国の灌漑、排水、輸送システムに必要な仲介、協力、そしてとりわけ、修理、維持、純資本形成に必要な高水準の公共支出への需要と圧力を拡大したのである（Buoye 2000）。

外国の政体が引き継ぐことにうまく対処したばかりか、それに適合さえした前近代の有機経済と社会が信じられないほど長期間続き、かつ成功したあと、収穫逓減の増加がはじまった。しかしながら、清王朝は、数世紀間にわたり、中華帝国に大きく貢献した農業にベースをおく伝統的な自由放任のイデオロギーと農本主義的戦略を維持した。だが、このような思想は、人口成長率の増加の時代にはそぐわなかった（Spence and Mills 1979）。歴史的観点から明らかになるのは、中華帝国が他地域よりも早くかつ長期にわたり経済的に成功したのは、幸運に恵まれ、天然資源があり、それゆえ、スミス的成長の過程に似た農業形態から獲得される中国の政治制度、財産権や文化の枠組みのために、少し負荷がかかった広大な帝国市場をともなっていたからだということがあげられる（Rawski and Li 1998）。中国の経済史に関してこのように楽天的な見方をするなら、比較史にベースをおき、清政府が遂行したポリティカルエコノミーに対する批判（相互比較をし、説得力をもって特定）をしても、西洋世界との大分岐を考えること自体、そもそもあまり意味がないと認識するのは、当然のことである。最近ポメランツが認めたように、中国でもっとも先進的な地域（江南）でさえ、ヨーロッパと都市化の比率が同程度になるように西洋の発明や技術が拡散する可能性は、かなり低かったのだ（Pomeranz 2006, 2011）。

しかも一八世紀後半になって初めて、優配偶生殖率の管理がフランスで開始されたにすぎない。それゆえ、清政府が遂行したかもしれない（清政府は一六八三年に〔台湾を獲得することで〕帝国の継承を強化した）、あるいはより現実的には、一八世紀の軍事的展開により、遊牧民に対する国境が確定されたあとで農業をさらに発展させるための唯一の現実的戦略は、中国の国家の財政・金融・貨幣システムに対する基本的改革を必要としたかもしれない（Kuroda 2013）。

◇太平天国の乱

このような改革は、工業やサーヴィスなどの課税の範囲を拡大することで補完され、査定と徴収のための土地台帳の調査と官僚制度をベースとして再構築された地租までが対象になったかもしれない。だがこの種の政策は、回避することができたはずの太平天国の乱が、中国を一八五一〜六四年にもう少しで倒しそうになるまで、ほとんど考慮の対象になることはなかった。歴代の清政府は、十分な歳入があったので、広大な領土を越え、異邦人の支配のもとで臣民として生活する多様な社会集団を包摂し、国内秩序を維持するのに必要な規模と効率性をもった軍隊を持続させることができたのであろう（Deng 2012）。

さらに、多額の歳入（それは、清代の中国の高級官吏のあいだで頻繁に議論された）のフローをより多く利用できるようになったなら、清国は帝国の自然と人口の水路のシステムを補修、維持、拡大する必要性が急遽生じたことに対して、おおむねより効果的な反応をしようとしたことであろう。それにより清国では、官僚をリクルートし、教育し、制度を創出し、資源を結集することが可能になったかもしれないからだ。生態系に応じて特産物を製造し、交易をすることからえられる基盤は、数世紀間にわたり、灌漑、排水、食料と有機的原材料の輸送を利用し管理することに大きく依存していた。水路の管理は、中国の広大な自由貿易ゾーンが歴史的に作用していた地域内・地域間交易における比較優位が展開する条件を決定した。したがって、重要なマクロ経済的課題に関する帝国国家の役割への批判は、ヨーロッパ中心主義とか、想像できないとかいって、無視することはできないのである（Tvedt 2010）。

しかし、この頃には、清政府は主権を帝国全体に拡大し、国境線を拡大したかもしれない（近年の環境史の成果が示唆してきたように）が、人口成長率の増加だけではなく、水の利用・管理のため、資金のストックが減少したことが原因となることで生じる損害をもたらす自然の圧力増に直面していた（Perdue 1982：Will 1985）。しかも、中国の相互に絡み合った河川、支流、水路、溝、土手、干拓地からなる複雑なシステムの調整と運営のため、長期的に確立された制度は、「オリエンタル・デスポティズム」と評されるものからは、じつはほど遠かった（ウィットフォーゲルには失礼ながら）のだ。

対照的に、食料と原材料を国内交易で利用するためになされる灌漑、排水、そして水路に対する究極的な支配権は、遠く離れた北京の規制と命令によって決定された。だが、水の動きと流れを決定するために水道を日々作動させ、修繕・維持・拡張することが必要であった。それは、結局、郷紳が支配的な地方政府（村落・灌漑共同体）に任された（Zelin et al. 2004；Deng 2012）。地方史家と土地制度史家は、モラルハザード、フリーライダー問題、多種の腐敗、とくに郷紳が多数存在し、自分の利益しか考えず、地方で強力である状況において発生するプリンシパル－エージェンシー問題（依頼人＝プリンシパルは、代理人＝エージェンシーに依頼して商業行為をしてもらうが、代理人が必ずしも依頼人の要求に応じないことから発生する問題）などが生じ、システム自体が共通の資源を適切に管理するということがもたらす予測可能な問題に満ちていることを明らかにしてきた（Leonard and Watt 1992；Park 1997）。一方、プリンシパル（国家を代表し、ますます広大になり、散在する人口が増えた農地を越えた水流を管理する諸機能のネットワークを管理する責任があった）は、ごく少なかった（Schram 1985）。プリンシパルの伝統的な役割とは、政府の規制の調査官・監視官として働き、地方政府と郷紳の助言者として残り、水道の流通と個々人の農場とのあいだに流れる共同使用の水道の維持に携わる紛争の調停者として働くことであった。自由になる歳入は乏しく、土地をもたないが定住する家族が増えたことを優先する必要性がある帝国（の領土）が拡大した。そのため、帝国の農業のインフラストラクチャーへの責任が増加した。それに対処する公的な責任の連鎖を結ぶ重要な結節点として、環境の悪化を防ごうとするプリンシパルの権力と誘因は限定されており、それどころか低下していたかもしれない（Elvin 2004, 2010)。

◇利用できない統計的証拠

残念なことに、中華帝国後期の農業生産と交易のために、水路と道路のインフラストラクチャーに対して公的・私的な投資の長期的傾向を計測するために必要な統計的証拠を歴史家が蓄積することはないであろう。ピエール・エティエンヌ・ヴィルは、興味深い示唆をした。それは、水の管理のための大規模で目覚ましいプロジェクトが生まれる可能性はもはや使い尽くされ、問題は完全に成熟し、長期的に確立されたシステムの保存と維持、そして長期的に確立されたシステムが拡大したものに少しずつ変貌したということであった（Will 1985）。清政府は、この時点で、政治的・社会的・経済的システムに当然のように直面する帝国として、国制と制度の枠組みを改革する責任を果たすことを怠ったように思われる。そこで枠組みが改革されたなら、食料と有機的原材料の供給水準を高め、中国の近代的経済成長をより実現可能にする軌跡へと高めたはずであった。そのため純資本形成と、灌漑と輸送のために水流の管理をより適切にすることをベースとし、農業生産と帝国内交易をはるかに高い水準にするために、帝国が有していた潜在力を開発したのである。

カリフォルニア学派は、中華帝国に対してヨーロッパが卑屈な態度をとるという伝統を過去の遺物にした。同学派のこの主張は、十分に信頼に値する。だが、清と、ある程度は、といってもあまり多くはないが、明代後期の政府も結局できなかったのは、十分な軍事力・海軍力を維持して近代化し、臣民に持続的な対外安全保障、国内の秩序や社会資本を提供し、スミス的成長によって促進された農業発展の長期的パターンを維持することであった。数千年間にわたり、完全に限定された範囲、さらには帝国の境界を越えて人々が交易に特化するようになった。そうすることで、灌漑を目的とし、水流管理と関係した中国の辺境の肥沃な土地に依存する生態学的な利益を獲得するようになったのは、食料、繊維、燃料、木材、製造品の取引に必要である河川交通と作物栽培をすることができたからである（Elvin 2010）。

◇「一七世紀の危機」の影響

世界で最大かつもっとも進んだ有機経済という地位を長年にわたって維持してきた中国は、一七世紀に出現した人口圧に直面して砕かれはじめた（Li 2007）。公的な推計に調整を加えたケント・デングによれば、中華帝国の人口は、一二世紀には一億人ほどになり、モンゴルの征服と統治の時代にその水準の六〇パーセント程度に急激に下がり、その後三世紀間にわたり、ほぼ一定であった。その後、人口はふたたび上昇しはじめ、一八五〇年には四億人以上に達するという劇的な上昇率であった（Deng 2004）。補正された人口の推計値の相違は、中華帝国の全歴史を通じて人々が関心を寄せていることではあるが、一致した見方によれば、自然増加率に明確な不連続性が頻繁に生じており、しかもそれは、異邦人の清王朝の帝国の政治的安定の強化に成功したのと同時期のことであった。

経済的復活とともに生じた国内の平和は、満洲人による混乱の時代に放棄された土地を復活させたばかりではなく、新政府が、明帝国の北部と南部の国境に沿い、さらにはそれを大きく越えて、軍事的な拡大戦略を遂行することを可能にした（Perdue 2005）。国防と領土拡大に関する清の戦略は、中央アジアのステップ地帯から遊牧民の戦士が将来攻撃し略奪する可能性を著しく低下させた。領土を二倍以上に拡大し、耕作される可能性がある帝国の土地を増加させた。新体制は、一人当たりの耕作地が著しく減少したために圧力を受け、生活水準が急速に低下したはずの人々が増大したことに対応した。食料を確保するために必要な水準以上の成長率を維持するばかりか、成長率をさらに上昇させようとしても、〔中国という〕進んだ有機経済に残された選択肢は、当時の西欧のほとんどの人々を苦しめていた選択肢よりも少なかった。選択肢に含まれていたのは、土地をもたない家族が、満洲、モンゴリア、四川省、湖南省、安徽省などに移動し、少しずつ清帝国の経済に統合されていくことであった（Patterson 2006）。政府は、故国とモンゴリアに隣接したあまり開発されていない土地・森林・鉱物を利用できるようにし、移住に制限を設けなくすることには抵抗感があったが、海外への移民を明確に制限し、帝国内部で国内人口移動を促進し、少しではあれ、財政的に支援した（Isett 2007）。

人口の地域的集中は、一八五〇年以前に変化した。だが、中華帝国内部において、人々が未発達な地域に散在する地域の規模は、中国で人口稠密な地域で余剰となる家族にとっての安全弁としては機能しなかった。中華帝国が新しく獲得した未発達の地域に移動する誘因はあまり強くはなく、インフラストラクチャーのために支出をしたりすることで、灌漑・輸送・交易のために、制御可能な水の供給の利用が簡単ではない地域に位置し、肥沃ではない土壌にまで耕作地を拡大する費用を補塡することもなかったようである（Crossley et al. 2006：Millward 1998）。

ほとんどの中国人は、帝国の中心部として確立された地域に残ることを選択した。彼らは、家族をベースとし、自身が開拓した農場で、労働の投入を増大させ管理した土地、労働、水を使用して産出高を増加させる可能性があるからこそ雇用された。それは、毎年栽培する穀物の数と多様性を増加させ、土壌により多くの肥料を供給し、糸を紡いで、綿繊維、ラミー、絹から織物を織り、地方、地域間、そして外国との交易に従事するためであった。一六五〇年以降のおよそ二世紀のあいだ、清国が資金を提供し、実行し、調整したインフラストラクチャーへの投資はまったく限定的にしか役立たなかったのに対し、中国の農民は、帝国の人口規模が異常なまでに増加することを何とか支えたのである。しかも、このような偉業はあったが、帝国の耕作地の十分な拡大、集団での国内人口移動、生産可能性境界線の技術的変化は生じなかったようである。マーク・エルヴィンが一九七三年に上梓した文献によれば、これらのことが、満洲の王朝が帝国全体を支配するずっと以前に、中国を「高水準均衡の罠」の段階に押し込めていたのである（Elvin 1973：Feuerwerker, 1992：Deng 1999, 2012）。

第5章　ヨーロッパと中国の相互比較

――経済成長　一六五〇～一八五〇年――

要旨　西欧と中華帝国の相違が明確になる時期は、たぶん一六四四年と一八四六年の二世紀間のどこかにおかれることであろう。この間に、西欧のいくつかの地域と国々で、構造変化、都市化、技術進歩、国家形成が目立っただけではなく、一般に見られる特徴となった。規模と範囲において、西欧と比較可能なものは明には何もなく、帝国国家が直面していた問題は、急速に人口が増加していたことに対し生活水準を維持する方法であり、それが清代の中国では顕著であった。その理由について、本章ではかなり緻密な分析をおこなう。ヨーロッパ経済が人口変化への挑戦に対しより効果的かつ効率的に対応できた。その理由の説明に関して、一連の中国中心的な分析は、ヨーロッパ経済史の観点からは部分的かつ不十分であった。ここではその原因について、多数の中国中心的な分析と叙述により、細かな点まで説明し、言及し、明らかにする。

キーワード　人口成長　多角的貿易　大西洋貿易　奴隷制度　開発　地金　石炭・エネルギー体制　農業の進歩　綿織物　都市の凝集作用とネットワーク　戦争と重商主義競争

◇一つの重要な結論

長期的・刺激的・発見的な論争のあとで、大分岐に関して二〇年間にわたって公表されてきた議論から、一つの重要な結論が浮上した。それは、西欧経済が中国の水準に追いつき追い越したかどうかは別として、広大な中華帝国世界をもっとも進んだ有機経済の地位に押し上げた政治的・地政学的・経済的政策、そして制度が、構造変化の可能性の限界にまで達してはいなかったことである。さらに、人口成長の加速化に直面したため、帝国の王朝の支配者と彼らが保護した富裕な郷紳は、中国の群衆に、食料確保のために必要な水準を少し超えるだけの対外安全保障、国内秩序、生活水準維持を提供することしかできなかった。

しかも、大分岐に関して、論争の実質的分析と説明がなされるようになった。この点において、カリフォルニア学派とその支持者たちは、明代後期に出現し、中国の農業が肥沃な土地と管理可能な資源の著しい不足に直面していた内生要因から生じる経済問題への言及を最小限にとどめ、そこから注意をそらす傾向があった。彼らの叙述は、明代の商業と農村工業が達成されたこと、数世紀にわたり遊牧民に脅威を感じていた帝国の境界線を確保し拡大したこと、そして満洲の軍隊が地理的成功を収めたことに集中していた。これらの根本的変化はどちらも発生したが、それは、中国人の総数が四〜八倍に増加し、一八五〇年には四億五〇〇〇万人を超えたかもしれないと考えられていた時代のことであった。国と時代によってサイクルは異なっていたが、西欧社会の大半もまた、一七〜一八世紀に人口圧を経験していた。だが人々の自然増加率については、ほとんどの推計が示唆するように、中国について現在提出されている広い範囲で議論の余地がある数値よりも、ずっと低かったかもしれないと（Lee and Wang 1999；Deng 2004）。

ポメランツとカリフォルニア学派が確実に知っていたのは、中国人は水の管理問題に取り組んでおり、すでに進んでいた有機経済が直面していた挑戦の規模と範囲は、西欧の天水農業よりも、少し複雑でコストがかかった管理システムであったというだけのことかもしれない。彼らはまた、都市化、そして工業化をしている地域と西欧経済を結ぶ大陸内の海上交易と、ヨーロッパ大陸で生態学的に特定の地域にある穀物、魚、木材、鉱石、ピッチ、タール、亜麻、麻、ワイン、オリーブという第一次産品は決して使い尽くされることはなく、一九世紀後半になると、南北アメリカからの輸入品によって少なからぬ量が取って代わられたということを明らかに知っている。彼らの重要な指摘によれば西欧の人々が有機的原材料、木材、鉱物をバルト海地方とロシアから輸入したのは、ある程度は多角貿易から派生したことであり、それにより、南米から押収された地金が、茶、絹、磁器などと交換され、それらは次に（中米の銀、カリブ海の砂糖とともに）東欧の第一次製品と交換されていたのである（Frank 1998；Hobson 2004）。しかし、多角貿易と〔栽培される作物の〕特化によって獲得されたものが増えたことは、単に地理的に付与されたものだけではなく、ヨーロッパの商業と商船隊の事業活動が海運業と金融上の協力関係がある大陸間交易に投資をしたためだったということが観察されるべきである（Gerschenkron 1966；Cipolla 1976；Crouzet 2001）。

そして、（歴史社会学の近代システム学派が開始し成功した）あまり精緻ではない仮説によれば、中国、インド、そして世界の他地域に影響を与えたマルサス的な問題の展開を、西欧社会では制限したのだと考えた。それは、「搾取している」というあまりたしかな根拠がなく説明がされる貿易条件にもとづき、他の大陸からもたらされる食料、燃料、繊維、鉱物、穀物の需要増の割合の「かなりの部分」を輸入することができたからである、と（Blaut 1993 ; Van Zanden 2009）。

大陸間交易は、ヨーロッパ経済史のなかで、もっとも熱心に研究される分野である。そのため歴史家には、海と陸を通じてヨーロッパの港に輸送された広範な商品の量と金額に対してかけられた税金にもとづいて作成された膨大な統計とヨーロッパ、アジア、南北アメリカの商業関係を分析する出版物のヴァーチャルライブラリーが残されることになった。取引される商品は、大陸間交易に参画している商人に間違いなく巨額の利益をもたらした。投資と、大陸を横断し、「奢侈品」（熱帯地方の産品、中国からの磁器、絹、綿を含む）の取引で協力し、資金を提供し、海上輸送することからえられる収益率は高かった。振り返ってみれば、「ラディカルな」歴史家は、アジア、アフリカ、南北アメリカからのこれらの輸入品と、ヨーロッパでそれらを受け取る価格の相違を法外なものだとみなそうとしている。香辛料、地金、綿布、木綿繊維、タバコ、砂糖を含むいくつかの商品は、ヨーロッパ人（地元の中間商人が手助けをし、扇動した）が、強制力と独占力を展開し、自発的な交換形態をベースとする水準以下の価格での地方販売を許そうとはしない市場で、間違いなく購入された。しかし、アフリカ、アジア、南北アメリカとのヨーロッパ人の交易の比率はわからないが、「西洋による搾取」があったと明確な表現で、完全に軽蔑して評される。ほとんどの大陸間交易にとって、報酬は不平等に分配されていたと、適切に述べられたが、ヨーロッパ人との自発的な交換を促進した中国人、アフリカ人、アラブ人らには受け入れられた。しかも、歴史家はこれまで、中国やインドの中間商人らに発生した東洋と西洋の交易による利益率は計測してこなかった。

強制、植民地主義と帝国主義は、南北アメリカのプランテーションで強制的で安価な労働をするために数百万人のアフリカ人が輸送されたことをもとに、ヨーロッパ経済から生じた物質的利得と潜在力に関係した経済的分岐の議論を特徴づけた（Northrup 2010）。彼らは（地金を製造していたネイティヴ・アメリカンの奴隷労働とともに）、ヨーロッパに輸出された砂糖、タバコ、インディゴ、コチニール、綿繊維などの原材料を生産した。それゆえ、アメリカの製造品は、食料、有機的原材料、木材に対する需要が増大したために西洋の地域的農業にかかった圧力を緩和し、織物産業の多様化からえられた比較的新しく土地・労働節約的な繊維を供給し、国際的サーヴィスとヨーロッパで製造された商品にまで市場を拡大し、移民を引きつけたのである（Abernethy 2000）。

◇南北アメリカの立ち位置

大西洋経済の興隆と統合、アメリカの地金の豊かな天然資源の大西洋経済への統合、アフリカ人奴隷を用いた砂糖・タバコ・綿繊維・〔染料の〕インディゴの輸出向けの余剰生産が生まれた。それがヨーロッパの海洋経済の発展を促進し、マルサス的な圧力が出現したときに、その緩和をしたことを疑うヨーロッパ史家はほとんどいない。だが、彼らはまた、清帝国が、征服を通じてはるかに多くの対外安全保障を獲得しただけではなく、天然資源である耕作可能な土地を大きく拡大し、かなりの量の化石燃料源や、低賃金で不完全雇用の労働の弾力的な供給をしていたことを観察したかもしれない（Perdue 2005）。

しかも、南北アメリカから輸入された第一次産品の入手が、人口増を経験していた西欧に、中国を苦しめていたようなマルサスの圧力から目覚ましく回復する手段を提供した統計的証拠はあった。だが、それでさえ、アメリカの穀物などの第一次産品が大きく増えた一八七三年以降、交易を担う団体の残存していたデータについても、ヨーロッパの人口と農業における全国的な文献についても、説得力のある証拠になっているわけではない（Etemad 2007）。

しかし、西洋の興隆とその逆――中国（とインド）の衰退――に関係する説明をするときに、南北アメリカの立ち位置に関するいくつかの解釈は、新大陸の発見を、東インドというより進んだ経済との海上貿易の量と金額を増加させることがもたらした衝撃により刺激を受けた幸運な出来事だと、ずっと評してきたのだ。このような見方は、発見のための航海をめぐるよく知られた偶発的出来事をベースとしており、ヨーロッパの海外での発展をより長期的で複雑な歴史の基盤や、熱望を可能性へと転換する知識・技術・資本の発展を無視する傾向があった（Abernethy 2000；Headrick 2000, 2009；Mitterauer 2007）。だが、それには、長期にわたる投資、移住、定住、高価な帝国主義的紛争、そして新大陸での労働のためになされた悪名高い数百万人のアフリカ人奴隷の購入と輸送、植民地化、定住、商業を確立し、さらに強化することが必要であった（Daly 2015）。土地節約的な輸入源と輸出品市場は、いくつかのヨーロッパ経済が産業市場経済への移行を促進する軌道に乗るように統合されて、ダイナミズムに富んだ大西洋経済へと進展するには、数十年間ではなく、数世紀間かかった（Goodman and Honeyman 1988：Mielants 2007）。このような歴史的過程は、カリフォルニア学派が強調した砂糖、課税されるが有害な特質があるタバコ、高価な木材と動物の毛皮で体現された少量の輸入商品のカロリー数によっては説明することができない（Ringmar 2007）。地金、綿繊維、染料を除くなら、ヨーロッパ経済と南北アメリカの関係が近代的経済成長に移行した時期とその程度については、たしかなことはわからない（Bayly 2004）。一八三〇年になると、南北アメリカから輸入された商品の比率は三〇パーセントに達したのに対し、総輸出の比率は一七五〇年の一二パーセントから一八三〇年に二〇パーセントへと上昇した（Gills and Thompson 2006）。地金は、たしかに多角貿易と、ヨーロッパをまたぐ金融仲介機能の発展を促進した（Flynn et al. 2003）。高品質の綿繊維の投入と奴隷労働の雇用により低下したインディゴの購入価格は、明らかに機械化にとってある程度重要であり、最初はランカシャーで、ついでヨーロッパの他地域で生じた綿織物生産量の上昇を加速化した。だが、このような特定の関係は、この有名な産業の早熟で模範となるような技術的転換のためには、必要条件でも十分条件でもなかった。対照的に、綿織物工業の発展の時系列とその状況からも、機械類の「動力」こそ重要だという信念があり、それが機械化を促進した。それは、綿繊維に対するヨーロッパの需要が大きく増加したという見解と一致する。その需要が満たされたのは、奴隷労働によるプランテーションが南北アメリカの熱帯地域で十分には活用されていなかった土地へと急速に広まったためであり、それは綿織物の輸出市場の拡張と関係していた（Riello 2013：Bruland et al. 2020）。

サトウキビを煮るための銅の大樽の製造のように、ヨーロッパの産業へのアメリカからの他の輸入品の前方連関には、たしかにポジティヴな面もネガティヴな面もあったが、ジャガイモやトウモロコシなどの移植によって、小作農場が維持された。それは同時に、危険なことだが、高い人口成長率をさらに上昇させ、南北アメリカへの移民数を低下させた。失われた大陸〔アメリカ大陸〕の発見と、ヨーロッパ人が天然資源を徐々に開発したことは、中央アジアにおいて、清が征服し、植民地化を進めることが中華帝国の発展にとって意味した以上に、ポジティヴな影響をもたらさなかったのだろうか（Adshead 1995）。「アメリカの発見と東インドへの航路の発見は、人類の歴史で記録されたもっとも重要な出来事のうちの二つだ」というアダム・スミスの見解は、当時認識されていたように、歴史的には正しかったが、まだ現実味がない意見であった（Boorstin 1983）。ヨーロッパ中心主義者は、もはや中国人に海洋に関する知識や航海するための船がなかったという主張はしなくなったが、同時に、中華帝国の綿織物生産量は、インドからの綿織維輸入にかなり依存していたことに言及する（Chao 1977）。そのため、大西洋経済の創出、強化、漸次的統合からえられたマクロ経済的利益は、幸運だったとか、中国とは大きく違う点だったといっても、それはうまい説明ではない。ヨーロッパの近代的産業経済への移行を開始した要因と維持した諸力が、大分岐に関する議論の基盤であるに違いないと主張されるのである（Prak and Van Zanden 2013）。

残念なことに、近世の中国とヨーロッパの農業の相互比較をしても、この二地域で構造変化をともなう人口増大が生じたことを支持する相対的能力について、多少とも受け入れられる結論に至ることは不可能かもしれない。とはいえ、ある程度の信頼性をもって、ヨーロッパの経済・農業史の最新の研究が示すように、一般に、ヨーロッパ大陸の農業部門は、一六五〇年以降出現した人口圧にうまく対応できなかったわけではないと主張できる（Broadberry and O'Rourke 2010）。むしろ、イングランド、アイルランド、オランダ、フランス、ザクセンなどのいくつかの国〔や地域〕で農業が発展した。それは、収穫高の上昇、そして休耕、排水の改善、石灰、泥灰土の活用、新しい世界的作物（トウモロコシとジャガイモ）の導入など、すでに確立された技術の在庫の拡散から生じた労働生産性〔の上昇〕を示したという認識はどうも正しそうだ（Béaur et al. 2013）。清代の中国とは異なり、ヨーロッパの農民は、開発をより進めるために既知の技術の蓄えを利用することができた。彼らは、高水準均衡の罠に陥ってはいなかった（Jones 1987）。彼らは、耕作のための周辺地を拡大することで、多少なりとも急速に生じた都市の成長、海外の需要、食料、飼料、燃料、原材料の価格上昇、一ヘクタールあたりの収穫高の上昇に対応したようである（Bateman 2012）。ヨーロッパの農業部門は、一七～一八世紀の中国が農業史家と有害なマルサスの危機とそれをもたらす軌跡に突入しつつあったというそれとは逆の主張は、農業史家と人口史家によって支持されてはいない（Malanima 2009）。一九世紀に至るまで、さらにアメリカの食物が旧世界に導入されたとはいえ西欧も中華帝国も、国境を超えた大陸間交易ではなく、地理的に限定された天然資源と潜在的な交易に依存し、非常に異なる増加率の傾向にもとづく人口拡大を要因とする需要に応じていた。この両方が、マルサス的だといえるのであろうか（*European Review of Economic History Symposium* 2008）。

◇大収斂と大分岐

したがって、大分岐と関連する大収斂〔大分岐以前に生じた中国とヨーロッパの経済水準の縮小〕の大部分を説明したり、それを強調するのは、耕地を耕作し家畜を飼育しエサを与えるために最良の実際的技術が拡散し、恒常的制度改善をする誘因が出現したために、ヨーロッパが〔中国に〕キャッチアップすることで実現されることになった潜在力が現実のものとなったからである（Campbell and Overton 2010）。ヨーロッパ諸国のうち、いくつかの国の農業は、市場の拡大と、都市に人口が集中したのと同時に生じた人口増のために、食料、燃料、繊維に対する貿易条件が好転したことに、弾力的に対応することができたようだ（Barbier 2011）。都市化が早く、広範囲かつ急速にあらわれた。それは、比較的都市化していた長江のデルタ地帯ではなく、オランダ、イングランド、フランス北西部、およびヨーロッパの他地域であった（Li and Van Zanden 2012）。ヨーロッパ中心主義的な歴史家は、そうなったことを、「都市の凝集」からえられる技術革新などの利益を獲得するための専門特化、分業、技能育成、財政的な可能性が、中国よりもヨーロッパで高くなった証拠だとみなし続けている（Floud et al. 1981–2014 : Roy and Riello 2019）。

石炭に話を戻すと、アジアとヨーロッパの両大陸は、産業用と家庭用の熱源（熱エネルギー）としての性質があったことは、よく知られているように思われる。イギリス社会の方が、地下に埋蔵されていた石炭の場所と入手可能性について、より多くの情報があったかもしれない。しかし、採掘、そして石炭輸送の可能性のために使用された技術に、〔アジアとヨーロッパで〕相違があったという明確な証拠はない（Wright 1984）。地下の鉱物を開発するための財産権は、〔中国の方が〕より複雑であり、安全性は少なかった（Scott 2008）。さらに、明国も清国も、中国が埋蔵していた本当に膨大な量の石炭を早くから開発するためにあまり熱心ではなかった。採鉱共同体が拡散することにどちらかというと反対だったのは、それが国内の秩序に潜在的な脅威となっていたからだ（Thomson 2003）。

一方、大収斂を経験していた数世紀間にわたって、ヨーロッパ人（とくにイギリス人）は、石炭に具現化される経済成長のための大きな潜在能力を探索し、開発した。第一に、この議論にとってもっとも重要なことに、化石燃料は、木材に対するより弾力的で重要な代替財となった。それは伝統的に、建築業、熱エネルギー、家庭用暖房のためにどこでも使われる素材となった。そのため、西洋と東洋の両方の地下の森林は、もしそうでないなら木材を生産するために栽培できた土地を牧草地とし、人間が消費することを目的とし、食料と繊維を栽培するために、家畜を養い耕地を保持したのである（Warde, Kander and Malanima 2013）。

ケンブリッジ人口グループの計算が示唆するのは、一八〇〇年までに石炭が入手できなかったなら、本当に膨大な量の木材と広範な森林地帯が必要となったことである。そのために、イギリスの生産者からの需要水準を維持し、当時まで利用されていた熱エネルギーの流通を生み出し、広範囲の熱量集約的な製造過程を維持し、彼らが消費する暖房のための世帯の需要に応じたのである。それは、都市での労働が、一八世紀のスタンダードに従って適切に機能するためであった（Wrigley 2016）。

したがって、カリフォルニア学派は、エネルギーの弾力的供給の観点から、イギリスの近代的産業経済の早期的意向に関して最近公表された解釈に関して、強力で説得力のある支持をえた（Wrigley 1988, 2016）。その解釈は、かなり昔の一九三二年にネフが指摘した点を繰り返したものであった。ネフは、イングランドが幸運にも早くから石炭を入手して輸送することができたこと、食料と原材料の生産をするための土地と労働、資本を保存するために大きな比較優位へと展開したことを記した。そのため石炭は、労働省を農業以外の仕事へと解放し、より多くの労働者の一団を都市に移動することを促進したのである（Nef 1964）。

さらに、石炭の潜在的重要性に関するネフの洞察力はまた、経済がより都市的で工業的になるにつれ、経済が消費するエネルギーの総量を、ブローデルが「推計した」統計をベースとして数量化をしたために、新パラダイムによって修復され、再構築された（Braudel 1981-84）。おそらく、カリフォルニア学派は、石炭などの天然資源がヨーロッパの――とくにまたイギリスの――工業化の物語のなかで重視されるようになるのを理解することに、ふたたび喜びを感じたのであろう（Wrigley 2016）。たぶん、このような修正主義的な解釈の支持者が、長期的に大分岐と小分岐〔ヨーロッパ内部で、北ヨーロッパが地中海地域よりも経済力が高くなった現象〕を説明するために構築されたモデルを用いて、天然資源の役割を無視しないまでも、過小評価する傾向がある経済学者から予想通りの反応を受けたとしても、とりたてて印象深いことではないだろう。

しかし、イギリス、それに次いでヨーロッパが産業市場経済に移行し、大分岐に至ったということは、地方に埋蔵された石炭を幸運にも入手しやすかったということに還元できるわけではないと、歴史家はわかっている。同時に、歴史家はヨーロッパが、人間、動物、風力、木材、水力からえられる〔エネルギー〕ではなく、熱エネルギー、最終的には運動エネルギーという機械的でより安価で信頼のおける代替エネルギーである石炭の生産と消費に移行したということも知っている。したがって、ヨーロッパで十分に理解されている一連の歴史的段階を通じて、石炭は鉄の製造で木材に替わった。石炭は、商品とサーヴィスの生産と輸送をし、常に増大し、より効率的な商品の機械化に必要なエネルギーを提供する動力である蒸気を生み出すために圧倒的に重要な燃料になった。地下と水中にある潜在的には膨大な埋蔵量がある化石燃料が採掘され、それが水をポンプで汲み上げ、排水方法を探究する誘因となったに違いない。ニューコメンからワットに至るよく知られる一連の技術発展と改善のあいだに（西洋による真空の科学的調査と関係していた）、石炭はこの頃、鉱物の採掘と化石燃料を、機械類の使用を拡大するために必要な動力を供給する「エンジン」へと転換するために、送水ポンプが機械化される過程を促進したのだ（Church 1994：Goldstone 2008）。

◇エネルギー問題と中国

エネルギー供給のために、このようなネットワークで結ばれた技術に投資がなされた。そのような経済で土地、資本、労働、畜力の節約から生じたマクロ経済的な副産物は、時代とともに重要性を増していった（Kellenbenz 1976）。たとえば、イギリス（石炭が豊富にかつ輸送しやすい形態で供給され、木材が著しく不足した国）が、石炭からえられた熱エネルギー、次には運動エネルギーと関連した生産の発見・改善、機械化された過程が拡散するときの中心国になったことは偶然ではない。しかし同時に、機械化との循環関係が考慮されなければならない。安価に石炭を入手できたために、機械、エンジン、溶鉱炉、煙突、ストーブなどについての調査をし、エネルギーと家庭暖房を生み出し、もっとも効率的な燃料源である石炭を採掘して使用するために出現した機会を利用することにつながったのだろうか。あるいは、熱の需要が高まり、木材の価格が上昇したために、もっとも効率性の高い家庭エネルギー、熱エネルギー、最終的には運動エネルギーが、生産と輸送の機械化のために、通常では考えられない成功をもたらし、代替性がより高い石炭〔の利用〕を促進するようになったのだろうか（Persson 2010）。いずれにせよ、ポメランツが主張するように、企業と家計が使用するために、豊富な埋蔵量がある石炭を利用できることは、完全に幸運で「ラッキー」であり（彼の表現）、ヨーロッパにとって、自然を利用する際に重要な利点だったのだろう（Harris 1992：Wrigley 2016）。

しかしながら、ポメランツは、中国人が宋代以来、石炭の性質について知っており、（現在、われわれは理解しているように）非常に豊富な石炭を所有していたことは否定しまい。カリフォルニア学派は、このように豊富なエネルギー源（その使用は歴史的に発展し、イングランドとヨーロッパは技術的に進歩した産業経済へと移行した）が、帝国の山々を裸にする環境コストと森林の伐採により環境が悪化したとき、数十年間にわたり中国であまり利用されなかった理由を説明しようとしてきた（Pomeranz 2006）。提示される解答のいくつかは、このように些細で、おそらくあまり重要ではない点を含んでいた。そのため中国人は、ヨーロッパ人よりも暖かい地域に居住していたので、残った作物とエネルギーから彼らが消費した燃料のより多くの部分を獲得したことを含め、労働をするために肉体が必要とするエネルギー維持のための栄養となるカロリー数は少なかったということが、付け加えられたかもしれない。

とはいうものの、イングランド（さらに、非常に利用しやすく輸送可能な石炭の埋蔵があるヨーロッパ大陸にある他の国々）とヨーロッパ大陸のいくつかの地域と比較するなら、中国はかなり不利な立場にあったという主張の中核は、あまり受け入れられなくなりはじめていたようである。結局、中国人は、宋王朝から石炭を採掘し、明代と清代には、いくつかの地域内部で、それはある程度の規模で継続していた（Wright 1984）。しかも、ヨーロッパと清代の中国の数世紀間――一六四四～一九一一年――に、採掘と石炭輸送の発展を系統的かつ相互に比較する産業史の文献からは、エネルギー源としての化石燃料の開発で遅れをとった点で非常に対照的であったという見解は、たとえある程度正しかったとしても、ごくわずかしか支持されないのである。すなわち化石燃料は、（中国においても）かなり豊富であり、品質の点で比較可能であり、当時の労働集約的な採掘技術で利用でき、たぶんイングランド、ベルギー、ドイツなどのヨーロッパの諸地域の炭田で採掘された石炭と同程度の量を輸送することができたのである（Thomson 2003 : Young 2007）。

◇枯渇する森林資源

大分岐があった数世紀間の軌跡をたどってみるなら、中華帝国の経済と帝国の住民は、中国の森林地帯を枯渇させた。それは、彼らが建築のための木材を森林資源とし、着実に木々が自然にもつ能力を削減し、食料と原材料の生産のために水の流れを吸収し制御する熱エネルギーと、家庭用暖房のための燃料として依存し続けたからである（Elvin 2004）。同じ世紀のあいだに、イングランドがリードした西欧経済は、「おそらく」、明清の中国が追求した熱エネルギーと運動エネルギー〔問題〕を解決する戦略に乗り出した。化石燃料の代替を目的とし、中国で鉱山から水をポンプで吸い上げ排水するための機械的な解決法を考案する誘因となったことは、考えられないわけではない（Lebow et al. 2006）。いずれにせよ、中国の石炭の方が浅いところで採掘され、加熱性が高かった。そのため、巨大な鉱床を開発するために必要な水ほどには障害がなく入手できた。ともかく、清国は、雲南で採掘された銅をはるばる北京まで輸送する経路を組織化することができたのである。清帝国は、化石燃料をベースとしたより重工業に適したエネルギー体制にシフトし、巨額かつ実質的な利益を獲得するには、ヨーロッパと比較して問題点が多い環境のために不利な状況にあったということは証明されない。進んだ商業経済となり、価値が低下したインフラストラクチャーを修繕して農業をベースとするスミス的成長を継続し、産業と輸送を機械化する可能性の限界にまで到達しようとしたが数十年間にわたり、機械化や労働者の都市での労働などの政策を遂行するにはためらいがあった。しかし、それが広範におよび激しく議論された理由は、あまりわかってはいないようだ。結局、中国の家計が生産する綿織物の買取制度は、生産様式の機械化の徴候を示してはいない（Chao 1977；Riello 2013）。イノヴェーションを進めていく誘因も科学的文化も、明代と清代の中国では浸透していなかったようである。

しかも、ポメランツが大分岐に関する記念碑的作品を上梓してから約一〇年後、カリフォルニア学派の著名な二人の研究者が批評家を間接的に攻撃した。批評家は、近世のヨーロッパと中国における都市化の比率に大きな相違があることを観察し、二地域はより詳細に比較分析することが必要だということに気づいた（Xu 2016）。他の点では、このように受け入れられて計測した対称性は、見かけ上正しそうに思われる。それは、中国の農業が食料と原材料を供給して、労働と資本を供給し、都市で生産される商品とサーヴィスのための市場として活動することに長期的に失敗した徴候だと見ることができる（Rosenthal and Wong 2011）。

「ヨーロッパの都市中心経済」に関する妥当な経済理論とフェルナン・ブローデルの叙述と関連して、カリフォルニア学派は分析的な叙述を構築（多くの統計的証拠には支持されていない）した。彼らは、ヨーロッパの都市居住者比率に差異が見られ、長期的な成長率の高かった状況と条件を創出した経緯・時代・理由を説明するのだと主張する（Braudel 1981-84）。近世ヨーロッパと中国で都市居住者の比率の差異が見られ、歴史とネットワークの外部性（ある経済主体の意思決定（行為・経済活動）が他の経済主体の意思決定に影響をおよぼすこと）に関する経済学の教科書の歴史文献を調査し、彼らはよく知られている理論を受け入れることになった。その理論によれば、都市化とは、前近代のヨーロッパの構造変化とより高い生活水準にとってうってつけの場所と状況が創出された背後にある大きな変化だったということなのである（Bairoch 1988）。

◇経済理論と都市史の協働

経済理論と都市史は、都市が、多様で範囲におよぶ産出高と消費の需要を拡大し、熟練・半熟練労働のためにより高い賃金を支払うのに必要な職業の特化の水準を高め促進し、農村部からやる気があり、教育を受けた、生産性の高い若者を引きつける方法について探究してきた。都市はまた、死亡率を一定の水準に維持し、人口増加率を低下させ、より管理しやすい水準に抑えるために都市特有の病気にかからないようにし、科学技術の知識の生成のために最適な場所を提供した。しかも、海洋に面したヨーロッパ諸都市は、海上の交易と輸送により特化し、積極的に従事した。そのため、当初は課税ベース〔税金がかかる商品とサーヴィスの範囲〕と、寡頭的な都市と地域的な統治形態を拡大した。それはやがて、より中央集権的で効果的な国家のための財政的基盤となった（O'Brien et al. 2001；Prak and Van Zanden 2013）。

経済的利益（ヨーロッパの産業の非常に重要な機械化を含む）こそ、ヨーロッパ社会が経済活動の増大と労働者を都市と港湾都市に配置することと関係していた。したがって、〔中国とヨーロッパの〕このような顕著な相違は、〔両地域が経済的に〕収斂したことがどのようにして大分岐と持続的分岐へとつながったのかということを示す重要な要因の一つ（いや、唯一の要因かもしれない）だと評されるであろう。比較史（それはまた、都市化を補強する比較農業力を所与のものとして扱う）は、ヨーロッパが中華帝国以上にこの重要な利点を確保した時代・経緯・理由に関して相互に関係するいくつかの疑問に焦点を当てて論じるであろう（Clark 2013）。

ポメランツが石炭、植民地、不平等な交易に付与した強調点を補足したのは、ローゼンタールとビン・ウォンである。彼らは、予見されたわけでも意図されたわけでもなかったが、これらの三点以外に重要であり、究極的には経済的成果をもたらしたヨーロッパのポリティカルエコノミーの地政学的な特徴に言及する、論争の余地が多いポメランツの大分岐論の説明を補足することになった（Rosenthal and Wong 2011：Tanimoto and Wong 2019）。このように重要な相違は、〔ヨーロッパにおいて〕ローマ帝国の崩壊と、その後の数世紀間にわたって競争関係にある西欧諸国が地政学的に分裂し、暴力的な社会的無秩序のために被害を受け、継続的で長期間になりがちであるので、国家間の戦争がある多少とも破壊的な時代が到来したことからはじまった。このように、どこにでも見られた国内秩序と対外安全保障の問題に対処するために、ヨーロッパは、略奪に対抗して、財産、人的資本、流動資産をもつ市民を保護する要塞都市を建設し、そこに定住した。けれどもヨーロッパ人は、三十年戦争と一七九二～一八一五年〔フランス革命・ナポレオン戦争〕にはさまれた長期的な合間の時代に、人的・物的資本が大規模に破壊されることを妨げるために、大したことはしなかったことは明らかなのである（Parker 2013）。

当時、都市の富裕層からなる寡頭政治は、経済問題の運営のための制度を確立し、経済問題に対処するときのルールの保持と強制に対する支援を委ねられた地方と、地域的・国家当局からの税・信用・貸付に対する要求に応じた（Yun-Casalilla and O'Brien 2012）。

要するにヨーロッパは、数世紀間にわたり、重商主義的な国家間競争と戦争を特徴とした。ヨーロッパ人は都市を建設し、制度を構築し、中央集権的な国家を形成したので、経済問題に関係し、絶え間なく続き不可避であった戦争から生じる難問を、中国とは対照的な方法と規模により解決することで、緩和しようとしたのだ（'t Hart 2014）。明の建設（一三六八）からアヘン戦争（一八三九〜四一）の大半の時代を含む中華帝国のかなり長期的な歴史において、農業と村落経済の帝国システムは、ヨーロッパよりも平和な状況下で作動した。規則と制度が保護と商業的交換のために維持され、王朝の支配者と能力主義にもとづいた官僚制度〔科挙制〕によって強制されたが、帝国の広大な領土のすべてにおよんだとはかぎらなかった（Brook 1998, 2010）。中国の支配者たちは、平和による限定的な圧力のもと、防衛や帝国主義的侵略のために歳入を増加させたり、資金を借りたりした（Liu 2005）。彼らが臣民の経済的問題のために介入する衝動は、土地に対する財産権への争いの調停、交易と灌漑のために機能する水路の維持を監視する以外にはなかった（Zelin et al. 2004）。ヨーロッパにおける国境を越えた海外との交易と比較するなら、中国の帝国内商業は、国家の規制による制約はなく、商人たちが自分自身でつくった非公式・公式の取り決めと、清帝国の離れた場所に位置する親族間の関係が複合的に機能することで運営された（Wong 1997；Dixin and Chengming 2000；Peterson 2002）。

ヨーロッパの基準によれば、陸海軍、飢饉・洪水・旱魃・貧困からの救済、法的調停と強制、とりわけ、国家の支出と、食料と有機的な原材料の輸送と商業にかかる課税（一人当たり、国内の領土の一平方キロメートル当たり、国境の一マイル当たり）は、明清の体制では少ししかなかったようである（Zelin 1984；Kaske 2017）。ヨーロッパとは異なり、中国の帝国国家は、有機経済では支配的な力をおよぼした。有機経済は数世紀間にわたり、河川と運河を維持するインフラストラクチャーであり、断続的に訪れる悲劇と幼児殺害によって人口増加が抑制されたことで生じた生態学的に多様で豊富な資源を多く付与されていた（Engelen and Wolf 2005）。中国の国家はまた、広く行き渡っていたイデオロギーであり、階層性、秩序だった行動、親族をベースとする制度と関係性を尊重することを繰り返し教えた儒学から強力な支持を引き出し、積極的に維持した（Brook 2005）。キリスト教とは違い、儒学は、経済問題や道徳的行動に介入するような信仰を制度化するには至らなかった。キリスト教はたしかにそうしたし、戦争を積極的に容認したのである（Bodde 1991；Brooke 1991；Yao 2002）。

◇軍事的紛争のコスト

ローゼンタールやウォンらの中国研究者は、中国の「専制」国家を描いたヨーロッパ中心主義に批判的であった。それは、ヨーロッパ中心主義者の叙述は、有機経済が遂行しようとしていたポリティカルエコノミー（原初のスミス的戦略）において、国内秩序、平和、中立的スタンスを維持していたが、経済的に効率的であり社会的に寛大な政策を認識することができてはいなかったからである。実際、カリフォルニア学派の叙述では、明清の体制と大帝国は、「スミス的」な（手工業にもとづく）経済進歩と戦争国家から福祉国家へとうまく進化した性質・形態・軌跡をあらわす原型としてあらわされてきた（Wong 1997；Rawski 2001；Deng 2012）。

大分岐に関する啓蒙的な論争が経過していったあいだに生じたこのような議論は、現在では彼らが発見的に挑戦していたヨーロッパ中心的な見方と同程度に、中国中心的だとみなすことができる。戦争には、たしかにますますカネがかかるようになり、ほとんどのヨーロッパの政体の経済的発展にとってマイナス要因となった。しかし、一八一五年以前の数世紀間にわたり、国家間の紛争は、西洋では天然痘と同程度に普遍的に見られ、しかも不可避であった。国家の防衛と侵略のための支出、税金、借金の額を削減する戦略をベースとする事実に反する仮定（counterfactual）による議論をするとしても、それは別の時代に生を受けたリベラルな歴史家による時代状況を無視した憶測にすぎない。形成過程にあった近世ヨーロッパ諸国の問題は、生き延びられるだけではなく、可能なら、一五〇〇年以降、領土、支配圏、好戦的政策を拡大し、アフリカ、アジア、南北アメリカの通商と植民地化をすることから成り立つ重商主義的な体制の枠内で繁栄することであった。ヨーロッパの歴史家にとって、事実に反する仮定をしようとしても、このようなことは無視することはできなかった。西欧は（中国とは）地政学的に異なっており、経済的に不幸であったというわけだ（O'Brien 2014；Vries 2015）。

しかし、戦争と生き延びることからえられる明確な利益に加え、避けられない国家間の戦争財政、金融、基本的資源の流動性からえられる副産物と外部性があったので、いくつかの経済が発展するために連関する範囲が明確になった。たとえば、戦争は、より愛国主義的で国家に敬意を示す労働者の形成に寄与した。すなわち、ヨーロッパの貴族主義的な〔国家が私企業と契約して軍事展開をする〕「契約国家」は、陸海軍のために、食料、輸送、武器、他の工業製品を供給する商人と製造業者とのパートナーシップに依存していたのである。戦争のために、税金、信用、長期負債、受容可能な形態での貨幣を供給する中央集権的な国家への従順性が上昇した。戦争は、知識を蓄積している支配的な貴族的で富裕な商業エリートのあいだで協同することから生じる利益を増大させた。その種の知識は非常に信頼のおけるものになり、当初は陸海軍に配備された科学・技術・技能の供与をするようになったが、平和をより強く希求したために受け入れられた将来への展望と可能性が具体化されたのである。とりわけ、陸海軍の戦争を通じて獲得された知識と経験は、中国を含む他の諸大陸の軍事大国との地政学的紛争にあったヨーロッパ人の永続的な比較優位となった。帝国主義から獲得したものは、ヨーロッパが競争状態にあった重商主義と戦争行為と切っても切り離せないほど強く関係していた(O'Brien 2014)。

まとめよう。軍事的紛争のコストは高かったが、そのための出費は回避不可能であった。振り返るなら、ヨーロッパの戦争は、ローゼンタールとウォンの言によれば、ヨーロッパが共有した一連の産業市場経済への初期的移行段階においてとくに生じた重商主義的で資本主義的な軌跡にとって欠くことができない要素であった。それは、おおむね、相対的後進性と地政学的に攻撃されやすい状態であり、世界最大の帝国経済の安定、国内秩序、繁栄を追求した全体として賞賛に値する重商主義的であるが、理論的には効率的な自由主義的軌跡を残したということなのである(Wang 2011)。イギリス海軍が世界の海を支配し、自由主義的な国際経済秩序が可能になる以前には、国民経済が獲得したものを分析し誉めそやそうとしている重商主義者は、コストがかかる野蛮な軍事的紛争がない合間の時代があることが必要な国家間の競争から利益を獲得した（Encisco 2017）。明らかに、地方、地域、国民経済をより大きな政体内部の政治的・地政学的内部に統合することからえられる規模と範囲がもたらす利益があった（Wood 2002）。それがドイツとイタリアの経済で生じたのは、ヨーロッパのナポレオン戦争期の一八〇三〜一五年にフランス帝国主義に対応策をとったからだ。しかし、ローゼンタールとウォンは、一五〇〇〜一八〇〇年に現地で活動していた世界の他の帝国の多くが、臣民に対して、高い生活水準を提供できてはいないのはどういうことかと、果たして考えていただろうか。

最後にいうべきは、西欧の歴史家が重商主義的競争とヨーロッパ諸国家間の戦争状態との関係を説得力のある形で進めた多様な変数を考慮することなく、暴力が西欧の近代的産業経済に対して注意を向けることがどれほど長期化し、コストがかかったのかということを分析し強調すれば、中国との相互比較をするためのルールを無視することになるということだ（Torres-Sanchez 2007）。ローゼンタールとウォンが分析的叙述で述べたような「大分岐を超えて、そしてそれ以前に」という議論へと移行し、資源を保護と侵攻ではなく公共財への配分に向けるという観点から清国の体制とヨーロッパ諸国とを比較するという主張には、説得力はない。そうすることで、（戦争状態以外に）ヨーロッパ人が壁に囲まれた都市に移住し、定住し、経済活動に参加し交流するための条件を形成した多数の変数と関係を示す曖昧なモデルに、あまりに多くの統計的に検証されていないウエイトを付与するからだ。

かし、ヨーロッパ人にはほぼ確実に、中国に対する比較優位があった。それを、近代的経済成長に早くから移行するための資本・技能・制度を促進したように思われる都市に住む人々の集団から獲得した（Braudel 1981-84：O'Brien et al. 2001）。だが、中華帝国は（他の東洋の帝国も）、重商主義戦争の圧力があまりなかった国家が緩やかに統治する以外には方法がないほどに広大だといういかにも正しそうな認識に至らなかったのだろうか（Wang 2011：Dincecco and Wang 2011：Dincecco and Onorato 2018）。われわれには、国家形成、戦争状態、経済成長のあいだにある仮説をどのようにして構成し検証するのかという高次元の問題が残されるのではないだろうか。

第6章　ヨーロッパと中国における有用で信頼のおける知識の発見・発展・普及

要旨　第6章は、中華帝国と西欧の経済的格差が拡大しつつあった数世紀間にわたってイノヴェーションと技術的進展のために文化が果たした役割をめぐり、長期間続いた解決不可能と思われる議論に関するサーヴェイを提供する。最近になるまで、技術革新における宇宙論（自然界の天体・地球・生物界の作用についての信仰）の重要性は、希求すべき妥当なメタ質問、ましてやいくつかのかなり特化した比較史の一分野としては、学際的な支持は受けてこなかった。この種の歴史は、国境を越えるばかりか、自然を理解する可能性に関心がある信仰の拡散を進めたり妨げたりする大陸、宗教的伝統、教育制度、イデオロギー、制度的枠組みをも乗り越える。工業化以前の時代のヨーロッパと中華帝国の科学的発展を促進したり妨げたりする要因を研究するグローバルヒストリーに関係し、ますます広範になり増加する文献をもとにして、私は、西洋における科学と技術の変化は、ヨーロッパのキリスト教徒と古典の伝統、さらにリコネサンス（ヨーロッパの海外発展）、ルネサンスと宗教改革に関係するヨーロッパ内部での内生要因によって促進されたと結論づける。

キーワード　科学　技術　宇宙論　自然哲学　リコネサンス　ルネサンス　宗教改革　キリスト教　儒教　アリストテレス　コペルニクス　ニュートン　大学　文学共和国　能力主義　ニーダム

都市は、この当時の有用で信頼のおける知識が出現した場所である（Nelson 1993）。ポメランツは、彼の記念碑的書物にまつわる議論で、経済の相違をめぐる技術革新と科学の発展の関係が重要性であることについては、あまり真剣に考えてはこなかった。それが驚くべきことであるように思われるのは、ハーバート・バターフィールドが古典的研究の『近代科学の起源一三〇〇～一八〇〇』を一九四九年に上梓するずっと以前でさえ、西洋の経済的・地政学的興隆において科学と技術がかなり重要な役割を果たしていたという主張は、しばしば東洋に対する文化的優位を西洋が説く際の中心的な論点であったからだ（Butterfield 1949：Nakayama 1984：Duchesne 2011）。ヨーロッパ中心主義的な叙述が示唆するのは、このように人間の営為に関係する側面の進歩と革新は、ギリシアとローマの古典時代から西洋社会が実質的に独占していたということである。しかしながら、そのような見方は、一九五四年に約二五巻からなる、中国とヨーロッパを一つの方向から考察した書物で、中国が〔ヨーロッパ以前に〕発見していたというジョセフ・ニーダムが開始した中国の科学と文明に対して継続的におこなった歴史調査によって退化してきた（Ronan and Needham 1981：Ropp 1994）。中世のイスラームとインドの科学技術の歴史に対する比較可能なプログラムに加えて、より低い生産コストでより多様な商品とサーヴィスを生産する経済の潜在力を高めるような方向で展開し完全に発達した知識の発見・展開・普及の軌跡は、本質的に世界史に対する西洋の貢献だという主張は、支持できなくなった

◇人間の営為における進歩と革新

(Needham 1969, 1970 : Arrault and Jami 2001 : Nordhaus and Romer 2018)。

神話は、このように歴史的に破壊された。しかしそのために、科学的理解と技術導入がなされる地域は、一五世紀末までにアジアから西欧に移ったという見方が残されたのである(Ropp 1994 : Davids 2012)。こういった変化は、他の文化や文明の科学や技術の革新に関心がある歴史家、そしてニーダム、シヴィンらの中国研究者にとって、中核となる関心事なのである(Liu 1995 : Sivin 1995)。彼らの関心を過小評価したと思われるのは、そうでもしなければ、大分岐の議論においてカリフォルニア学派がとった立場に自分たちの見解を付け加えたはずの研究者たちであった(Frank 1988 : Lieberman 2009 : Marks 2012)。いずれにせよ、彼らはある種の言い逃れをしている。すなわち、近代西洋の科学は、その本質のすべてにおいて、「社会的・経済的に構築された」という用語で流行しているポストモダンの立場を暗黙のうちにとっていたのである(Golinski 1998)。このように、数十年間にわたり、科学の歴史で支配的であった「社会的構成主義者」のパラダイムによれば、西洋の興隆を唯物論的に解釈する人々が、近代の出現、発展、位置を説明するためには十分な説明を提示したという前提から出発している(Hacking 1999)。しかも、このような見方を強化したのは、一九世紀後半まで、科学と技術の関係は、近世ヨーロッパが、中華帝国が数千年間にわたって維持してきた生産水準と社会福祉の水準に大収斂し、大分岐に至った背景にある重要な要因だったことを無視するのは根拠が乏しいと主張する歴史家である(Inkster 1991 : Inkster and Deng 2004 : Liu 1995 : Epstein and Prak 2008)。

にもかかわらず、多数の巻からなるこのような発見的な研究は、ヨーロッパの教育があり富裕で政治的なエリートの自然界に関する観念が、亜大陸〔ヨーロッパ〕の生産システムに導入された技術革新に比較的適合するようになった時期・経緯・理由を説明しようとした分析的な歴史叙述の必要性に言及していないと主張することは必要である（Bedini 1999）。グローバル化しつつあった世界経済の他の諸地域で、似たような関係と制度が二〇世紀以前には大きな規模で出現することはなかった理由を探究する必要があろう（Mokyr 2002, 2017：Cohen 2011：Davids 2012：O'Brien 2009, 2013, 2019）。

しかし、ポストモダンのニヒリズムの猛襲から回復し、科学の歴史について見るなら、それは、自然界の完全な理解のために機能的な宇宙論の発展を促進する（ヴェーバー、バターフィールド、ニーダムが断定したように）エリートのあいだに信仰と文化を生み出した、西欧の一神教のキリスト教世界の強化を示唆する仮説を擁護する宗教史と一体化しつつある（Weber 1951：Tremlin 2006：Harrison 2010）。

そうなったのは、宗教改革以前のことであった。だが、ローマ・カトリック教会は、ヨーロッパの覇権を握る宗教としての役割を強化したのちに、階層性が強く、そのため〔教義の〕解釈の独占者としての地位を保ち、〔人間の理性や観察ではなく、権威の力によって明らかにされる〕「暴かれた真実」を支持し、自然の作用を除いて、一連の信仰を抑圧したあとのことであった（Brooke 1991：Tremlin 2006）。とはいえ、教皇と司祭は、イスラームと抗争関係にある超国家的な文化の覇権をもつものとして、宗教的異端と自然界について一般の人々が抱く空想に直面し、世俗の支配者と権威を求めて争っていた。彼らは、聖職者と世俗のエリートの教育水準を高めるためには、制度を構築・保護・管理すればよいことを理解していた（De Ridder-Symoens and Rüegg 1996：Gascoigne 1998）。ヨーロッパ中世の大学が提供したカリキュラムには、法学・医学・神学の議論を指揮する古典的様式での教育、自然哲学におけるギリシアとローマの思索が含まれていた。教会の主張によれば、これらは、キリスト教の神自身が創造し命令した宇宙の天体、地球、生物学的領域での運動を説明する一般的理論を構築することに関係していたのである（Bullough 2004；Hannan 2009；Lowe and Yasuhara 2017）。

◇知識の形成と普及

近年、近代科学の起源を探究する研究者は、このような古典的・ポスト古典的な知的営為を回復させ、自然界を象徴させ、理解しようとしてきた。彼らは、一五四三年にコペルニクスが宇宙に関する画期的書物を上梓したため、「天体」の運行に関する（すべての事柄の）において、教会とその制度の権威の主張が矛盾しており、権威を台無しにする天球の観察と数学的推測への新パラダイムが出現した一方で、ヨーロッパ人の太陽、月、星々の運行に関する理解が、どれほど現実と乖離しているのかをすでに知っていたのかということを明らかにした（Grant 2007；Lindberg 2008；Penprase 2011；Gaukroger 2010）。

聖典や美化された古典のテクスト（聖書、福音、聖人の知恵や聖典ではあるが、ガレン、ヒポクラテス、プリニウス、ユークリッド、プトレマイオス、なかでもアリストテレスのような少数の古典時代の著述家の不穏当な箇所を削除した叙述を含む）に具象化された教会の正統派の教えへの真剣な挑戦は、軽々しくは扱えなかった。異端として無視されたり、抑圧されたりしたので、ヨーロッパで比率が増えていった富裕で権力があり教育を受けた人たちが彼らの主張を支持し、信じ、受け入れるようになった。それが知識の範囲〔天文学だけではなく、天体、機械的、生物学的〕にとどまらなくなるには、一世紀以上かかった（Lindberg and Numbers 1986）。インテレクチュアルヒストリアン〔知識人の思想や文化、知的な交流を研究する歴史家〕は、自然界に対する宗教的関係についてのプロトサイエンス〔現代科学の枠組みに合致しないが、科学的な研究としての可能性をもった研究領域〕を徐々に包摂し、それと一致する西洋のエリートの比率の推計がじつは容易であると楽観的になることはできなかった。彼らの数は増加したが、その比率は国や都市によって違っていた。しかし、歴史家は、彼らの自然界に対する理解は、コペルニクスからニュートンに至る時代に、完全に発達していったということで一致するであろう（Barnes 2000：Grant 2004：Gaukroger 2010：Cohen 2011）。

有用で信頼できる知識が形成され、影響をおよぼしはじめた。その段階になると、知識の形成と影響はまた、印刷された書物の普及に依存するようになった。印刷本は、新しい思想や洞察力の普及だけではなく、一次生産、製造業、交易、輸送、健康、福祉、戦争兵器のために使用された自然哲学の議論をする学術団体における会話、通信、論争、会合と技術改善の展望の根幹となった（Huff 1993：Smith and Schmidt 2007：Baten and Van Zanden 2008）。

高等教育の外部の制度保護を促進するために必要な地位や富を用いて、文学共和国（Republic of Letters）〔啓蒙主義の時代である一七～一八世紀に、手紙を交換することで情報をやり取りした国家を超えた知識人の目に見えない共同体〕というレッテルを貼られてきたヨーロッパの都市の知識人は、神が創出した自然界の働きを分析し、理解するために全精力を注いだ（O'Brien 2009：Mokyr 2017）。彼らが共有していたのは、世界を理解する方法として解明された真理に対して人々が抱いていた不満と、すべての自然現象に対するアリストテレス的・古典的な説明の範囲を限定した正典に対する懐疑主義、解明された真理に対する一般的な不満であった。彼らは、教育と全体におよぶ調査の課題を問題視し、拡大した。それに含まれるのは、地球の年齢・大きさ・形状・地理・境界と、太陽・地球・星々・海と潮の動き、そして気候、地震、鉱物、化学物質、土壌、植物、動物、魚、人体解剖学などであった（Jacob 1997）。彼らは、自然哲学を支配していたが、それとは不安定な関係しかなかった法学、医学、神学を研究するときでさえ、数学的・合理的方法についての関心があった（Lloyd 2009：Huff 2011：O'Brien 2013：Mokyr 2017）。

しかも、より有用で信頼のおける知識の譲渡者かつ調達者として、知識人には安全性、地位、信頼性が付与された。それらが、ヨーロッパ人が利用可能なベースとなる知識にまで拡大したのは、歴史上重要な三つのエピソードのおかげである。そのおかげで、ヨーロッパ人に入手可能な知識のベースを拡大し、教会のエリートと知識人の地位を低下させることに、幸運にも成功した。彼らは、解明された真理と自然をめぐる古典的叡智をあらわそうとする古代ギリシアのテクストの宗教的・スコラ学的な解釈を支持することに既得権があった〔が、それがなくなってしまったのだ〕（Hodgson 1993）。

第一に、そしてもっとも重要なのは、宗教改革である。プロテスタント神学による自然哲学の再構成に適合していただけではなく、宗教改革と、それが引き起こした恐ろしい戦争は、西洋キリスト教世界全体のための自然界の探索に関する唯一の宗教的階層性の権威を低下させたからである（Cohen 1994：Rublack 2017）。

第二に、西洋キリスト教世界の力は、一五世紀にイベリア二国が「発見のための航海」に続いて、世界に関する中世的知識の範囲と規模に多くのものを付け加えたために弱まり、矛盾を引き起こした。そのために、ヨーロッパの商人と水夫が他の大陸との商業に熱心に参加するにつれ、彼らの観察は、世界の地理に関する民族的な想像と古典的なテクストだけではなく、その規模、人口、動物相、鉱物、取引可能な商品、異国のものではあるが潜在的には有用なノウハウについてのあまり知られていない人々の空想を、新しいものに転換しはじめたのだ（Hopkins 2002：Headrick 2009：Hart 2008）。

〔第三に、〕失われた大陸〔アメリカ大陸〕の発見の重要性と、南北アメリカとアフリカ・アジアからヨーロッパの港に輸入され商品化された知識と観察の量の増大以外の出来事として、一四五三年にオスマン帝国の軍隊がコンスタンティノープルを陥落させたことがある。すると学者たちは、美化されたアリストテレス主義に至る自然界についての選択すべき哲学的思索を含む、ギリシア人の著述家が書いたほとんど知られていない本を携えてイタリアとヨーロッパ大陸の他の都市に移住するようになった（Grafton 1992：Rossi 2001）。

◇世界史的エポックからの刺激

このように地政学的な出来事があった。そのため、畏怖される古代の人文主義と自然哲学に関係する学者と教育を受けたエリート間でなされた論争の理解を容易にする古典のテクストの範囲と量が増加することになった。文献学的な分析を刺激したからである。その分析は、アリストテレスの作品の間違いを明らかにし、古代の叡智に関するスコラ学・教会法の主要部分の理論的脆弱性を白日のもとに晒した。この叡智は、二〇〇〇年間にもわたって伝わっていたものであった。それは、長期間におよび宇宙について系統的に理解し考えようとしたギリシア人が書き、イスラームの哲学者が発展させた、競合関係にある宇宙論であり、不穏当な箇所が削除されていた（Gaukroger 2006）。

歴史をひもとくと、近世ヨーロッパのエリートの世代が宿した文化の歴史は、結果と影響において、実質的に世界の他地域で比類するものがない科学の発展にとって、独自の利点を具体化した宇宙論への進展だとあらわすことができた（Lloyd 2009）。ローマ帝国の遺物として、中世キリスト教世界のエリート文化は、世界に関する異教徒の考え方に対して敵対的であった。にもかかわらず、もしそれが「真理」に一致しており、神聖で教会法のテクストに含まれ、ローマ・カトリック教会の階層性に従って解釈され、是認された教義のなかで解説されたなら、数世紀間にわたり自然界への観察、探究、思索が蓄積されることになり、通常ではありえない量の空間と地位に付与された一神教の解釈の一部となった（Bona 1995：Noble 1997：Grant 2007）。

このような方向での進展は、直線的な傾向を示すものではなく、スピードと拡散の点では、革命的なものでもなかった。インテレクチュアルヒストリーとして、この進展と真理は、イスラームの哲学者がテクストを翻訳し、それに解釈をつけて精緻にし、ギリシア・ローマ時代から残っていた出版物による論争によって特徴づけられた（Montgomery 1998；Cohen 2011）。現実に数世紀間にわたり、教会と教会に付属する大学は、ヨーロッパの古典の知的遺産について論じた。発見の時代の航海と、オスマン帝国の軍隊の前進、そしてヨーロッパ内部の国々の人口移動が促進した知識人の移住から利益をえた。抑圧と和解の両方がなされたが、西欧に輸入された商品の流通量が増加し、観察と知識が増大したので、それを続けることがより困難になった（Grant 2004；Dear 2006）。解明された真理と物質的・世俗的目的を理解することと、その対応の方法を選択することとの狭間に、緊張関係があった。自然哲学内部で拡大しつつあった螺旋構造が、完全にキリスト教世界の道徳的・宗教的教義と目的に関する教会の権威に対抗したため、これまで以上に大きな抗争へと拡大するようになった。宗教改革により、宗教的信仰が分裂し、プロテスタント教会と国家が形成されることになった（Bona 1995；Feingold 2002）。

宗教と国家のアイデンティティをめぐり、一世紀間以上にわたり、恐ろしい戦争状態があった。そのあいだに、宗教と世俗の権威の勢力均衡は、権力の知識を希求する中央集権国家に有利な方向で動いていった（Bullough 2004；Gillepsie 2008）。多様な形態のキリスト教信仰と教会は、ヨーロッパの君主、貴族、富裕なエリートからの忠誠を求めて競争していた。大学に対する教会の支配と、神学の他の学問分野に対する支配権は減少した。キリスト教のカリキュラムは拡大し、宗教の信仰と儀式に関する一連の改革と、数学研究の改訂された教材、長く確立していたアリストテレス主義の伝統と予想されたスコラ主義への傾斜を乗り越えた自然哲学を包摂するようになった（Gascoigne 1998）。逆説的だが、ヨーロッパの宗教改革と同時に生じたのは、純化され拡大した宗教的ファンダメンタリズムがあった一方で、神学としてのキリスト教が言説を拡大し、自然哲学と神が設計した宇宙の性質を組み込むまでになったことである（MacCulloch 2003）。全体として、リコネサンス、ルネサンス、宗教改革は、カトリックとプロテスタントのヨーロッパ内部に一種の空間を創出した。その空間のなかで、教育を受けたエリートが、宗教的信仰を制度化された探求と知識の保護と調和させ、有用で信頼できる知識の生産にとって、潜在的にはより適しており認識可能な科学的宇宙論へと昇華させた（Field and James 1993；Dear 2006）。

◇ニーダムの問い

規模と範囲において、近世におけるヨーロッパの知の軌跡に似たものは（現在のところ）、満洲帝国、ロマノフ王朝とオスマン帝国、日本や中国のインテレクチュアルヒストリーには記録されていない（Bala 2006）。したがって、明確な理由があるわけではないが、二〇年間にわたる論争のあと、西洋と東洋のエリートが考えていた宇宙論を体系的に比較する「驚くほどに似ていた」工業化以前の時代の世界に関しては、あまり多くの歴史的証拠が出現しなかったことに、明確な理由があったとはいえない（Montgomery and Kumar 2016）。それゆえ、ニーダムが提示した有名ではあるが解答が出されてはいない疑問は、理論的には大分岐の議論にとって高い地位を占めており、重要であるはずだ（Needham et al. 2004）。それは、学問的な先例がなければ出現することはなかなか難しい社会経済的に構築された「科学革命」に対するある種の「上部構造」だと、さも当然のことのように評されるようになった。それにはまた、ヨーロッパのエリートの文化にまで達したばかりか、普及までした原初的な科学的信念が不可欠だったのである（Liu 2009；Wootton 2015）。さもなければ、中国や西欧における技術革新の大分岐に至る傾向の分析は不適切だとして、科学的宇宙論の進化の対比を無視したり軽視したりすることはできないであろう（Cohen 1994；Hishimoto et al. 1995）。

ジョセフ・ニーダムやナタン・シヴィン（中国科学の歴史に対する立役者として）には、ヨーロッパの科学革命の宗教的・文化的起源を過小評価するような観点はなかった。シヴィンは、この革命を「科学によって形成された」新しい西洋のメンタリティだと考えた。そのため、教育を受けた人々が製造業に興味をもち、職人による（事実、手続、商品について抽象的な推理をしはじめるすべての人々と同様に）労働をこれまでにない水準へと高めたのである（Sivin 1995）。二人のどちらも、驚くべきほどに博識であり、本質的に中国の科学技術が紀元一五〇〇年以前の何世紀間も優勢であったことを記録し、それ以降の西欧と比較すると停滞したことに関する解決されていない議論を開始した（Selin 1997；Lloyd and Sivin 2002；O'Brien 2013；Mokyr 2017）。

カリフォルニア学派に賛同する人々のなかには、大分岐の議論をするときに、このような相互比較をすることを避けたり否定したりする傾向をもつ人もいる。それ以外に、いくつかの「中国中心的」な議論によると、中華帝国が支持した宇宙論は、明清と同時代の西洋で発展しつつあった学問と諸科学の進歩的な側面を、保守的ないし無関心だとされた意味と程度を問題視する学問的営為であったとする論には、十分に説得力がある（Elman 2000, 2005）。

だが、中国の科学技術が西洋に匹敵するということが「できなかった」ということへの批判はすべて、二つの事実をもとにはじめられ、精緻になったはずである。第一に、（マーク・エルヴィンが綿密にして記録したことによれば）近世以降、西欧の自然界に対する科学的調査方法が、中国には欠如していたということが記録されてはこなかった（Inkster and Deng 2004）。中国の伝統にもとづき、中国の知識階級は、自分たちが現実に使用し価値を付与した手法と、「自分たちの用語」を使用し、『一万の工芸物』をベースとするマニュアルを出版した（Elman 2005 : Schafer 2011）。このように印刷された言葉が、こういった流れの規模と範囲、宇宙論においてもつ潜在的重要性は、後述される（Brokaw and Chow 2005）。ヨーロッパと比較して一人当たりの本の出版数が相対的に少なかったことは、自然界に対し体系だった探究をする中国の伝統は、西洋において拡散し広範にわたるばかりか、より大きな影響をもつ方法論を含んでいたことはたしかだというエルヴィンの指摘の経済的重要性を強調するが、制限もするのである（Selin 1997 : Baten and Van Zanden 2008）。

さらに、有用で信頼がおけ、潜在的には生産的で（たぶん、ある程度重要な）知識の形成に捧げられた営為へのヨーロッパ全体の投資の範囲と規模は、二つの点で制限された。第一に、このような知識に時間と親族のカネを配分するために必要な中等教育、技能、才能、モチベーションをもつ若者が直面する誘因のため、第二に、代々の王朝が、雇用される官僚をリクルートする伝統を維持することで、帝国全土で実行された科挙試験の結果をベースとし、広大な領土を有する帝国を経営したためである

（Elman 2005）。

◇中国のエリート教育

このように、見事なまでに実力主義にもとづいたシステムのカリキュラムは、中国人のエリートの息子たちと、親族集団が教育に資金を出すより低い社会階級出身の少数の才能ある学生たちへの中等・高等教育の任務・形態・内容に圧倒的な影響をおよぼした。帝国の教育システムはヨーロッパスタイルの強制と宗教ではなく、道徳とイデオロギーの力に依存した帝国国家の政治的目的に奉仕する規則と密接に関係しているのである（Nakayama 1984）。理念的には、獲得された資格は卒業生に付与され、帝国にリクルートするために奉仕をした。名誉と権威は実力主義によりえられたものであり、皇帝の王朝の法令と命令を、軍隊により維持された統治の指令によって実行したが、どうも天から命じられたものだと信じられていたようである（Peterson 1980；Elman 2000）。

中国の帝国行政や知識階級としての立場で地位を獲得し出世するために、彼らが受けた教育の中身のベースにあったのは、（中国へのイエズス会の使節が正当に評価したように）キリスト教世界の非常に神聖な新旧聖書で具体化された道徳規範に類似したものだと示すこともできそうな、古代哲学のテクストで正式に記され、相互に関係した一連の道徳的原則にもとづいていた（Ner 1981；Yang 1990）。何世紀間にもわたり、競合関係にある信仰（仏教、道教、毛沢東主義を含む）から必要なものを選択することで、明清の中国のイデオロギー兼「神学」は、儒学者の叙述により形成された正しい行動への規範へと変化した（Bodde 1991：Yao 2002：Bol 2008）。最高水準の教育では、この規範は歴史的に進化し、解釈、批判、カリキュラムの古典的テクストを含むようになった。それは、生まれ、富、国家への奉仕のために行使され地位と権力を超えた高等教育、すなわち社会的地位の証拠なのである（Rawski 1979：Davids 2012）。中国でもっとも能力があり聡明な若者たちによる文献学的証拠を用いて分析された新儒家のテクストは、古代の当局に疑似的な宗教への畏敬の念を注入し、理論的には人文主義的で教訓的な形態の研究を通じて、個々人の啓発を具体化する美徳を教え込んだ（Yung 1982：Elman and Woodside 1994）。

ヨーロッパ中心主義的な観点をとるなら、高等教育への中華帝国の制度、なかでも個人的行動、社会的安定、政治的秩序に対する関心によって維持される教育の方法と内容はすべて、自然界の作用についてはるかに効果的に探究する宇宙論の発展にはあまり適していなかったように思われる（Lloyd 1996：Lloyd and Sivin 2002）。中国においては、この種の知識は、国家の目標によって与えられた独占特許権がもたらす個人的利得により保護されるわけではなかった。またそれが、調和的な家族生活、祖先への深い尊敬、広大な領域をもつ帝国への高潔さに満ちた統治に寄与した新儒家主義のパラダイム内部で位置づけられ、発表され、議論された古典的解釈と叙述とは異なり、地位が高いものだとみなされることもなかった（Henderson 1984：Yang 1990）。

◇「賢明」な近代中国科学

明代後期には、知識人のなかには、伝統的学問の効用と覇権について疑問視しはじめ、あまり成功の兆しがないまま、地位が上昇すれば、功利主義的な教育を受けるべきだと推奨した人たちもいた（Brook 2010）。また、ヨーロッパ商人が明帝国に輸入した商品に体現されたり、イエズス会の宣教師が許容されたとはいえ無駄な努力をした。すなわち中国人のエリートをローマ・カトリックの宗教的・宇宙論的な世界観へと変えさせようとして、宮廷の役人に書物を通して伝えるために、知識を研究すべきだと主張した人たちもいたのだ（Wright 1984；Kim 2010）。予想通り、外国人は、中国人エリートの教育様式と内容の改革に失敗した。ヨーロッパの進んだ科学的知識を普及させようというイエズス会士の営為は、彼ら自身にコペルニクスとガリレオと関連する新しい天文学に対して宗教的偏見があったために、制限され、損なわれ、傷つけられた（Elman 2005）。このような見解は、依然として論争の的である。いずれにせよ、天球の回転を外国人が観察したことで中国人哲学者が印象づけられたと断言することは、決してできない（O'Brien 2013）。自然と人間との有機的な関係を含め、異邦人の満洲王朝は、世界のすべての事柄を包摂する相互に関連し、調和的であり、道徳的・政治的な政治秩序に関する新儒家の宇宙論をひっくり返すことはいうまでもなく、修正することにさえ抵抗感があった。彼らは、変化を嫌う非常に大きな保守的勢力となった。そして小さな集団のイエズス会は、ヨーロッパでもっとも革新的でアンビバレントな態度を示しており、ヨーロッパのもっとも革新的な科学的思考、動揺と反感の記録を満洲政府に渡すことから生じるとても強い反感以上の保守性があったように思われる（Li et al. 1982）。満洲王朝が支配権を握る正当性は、もし同王朝が、中国の伝統を時代遅れであり、いずれにせよ、「野蛮な」思考様式よりも劣っているとみなしはじめたときに正当性を失うことになろう（Deng 2012）。

にもかかわらず、在地的なものだけではなく、たちまちのうちに現実的で経済的な重要性をますます帯びるようになった外国の「事物」に関する有用で信頼のおける知識を含んだ出版物は、一九一一年に中華帝国が崩壊するまで実質的に変化しなかった宇宙論の内部であらわれ、拡散していった（Selin 2003：Meyer-Fong 2007：Zurndorfer 2009）。著名な中国科学史家がいったように、「ヨーロッパと比較するなら形成途上の知識が統合されたか直線的に進歩したのではなく、個々の反応がバラバラであり統一性がなかった」のである（Schafer 2011）。

清代において、中国の知識人は、たしかに時間と資金を「証拠にもとづく探究」にあてた。その知識の一部は間違いなく進歩し、技術的改良に寄与した（McDermott 2006：Golas 2015）。だが、彼らがマルサス的問題を経験していた有機経済を転換するという非常に複雑な課題を〔解決するために〕もたらした考え方、語彙、概念上の枠組みは、不十分であり古臭いとみなされ続けた（Qian 1985：Lloyd 1996）。「事物」が研究し続けられる理由について見ていこう。それは、「事物」が、自然界の理解に貢献し、潜在的に有用な知識があるためではない。新儒家が人間をすべてのものの一部にすぎず、自然をすべての事物について、「理、陰、陽」のような概念のプリズムを通じて調査し続け、相互に関係している一つの調和した全体と考えるかなり強い傾向があり、そのような傾向に対して敬意を示す宇宙論内部において、事物の性質、信憑性、起源を探究するからである（Bodde 1991：Vogel and Dux 2010）。ニーダムが認めたように、「昔の中国の賢人は、自然、人間、教会、国家、そして過去、現在、未来のすべてを含む有機的世界の理論を分析した」のである。さらに、辛辣にも、彼はこう付け加えた。ヨーロッパの賢人（ヨーロッパの科学革命に大きな貢献をした歴史上の人々の名前の大半が含まれる）とは異なり、中国人が「自然の法典が明らかになり、読まれるという自信を欠いているのは、われわれよりずっと合理的な神聖な存在が、読まれる法典を明確に説明する保証はまったくないからだ」（Needham 1969, 1970）。近代科学の文化的・宗教的基盤を取り扱う西洋科学の歴史において尊重すべき伝統（現在復活しつつある）は、彼の洞察力に同意する以外にないかもしれない（Harrison 2010）。いずれにせよ、近代中国科学を現在の状況に照らして考えたとしても、黄金時代の宇宙論の基盤にまで立ち戻ることはない（Xu 2016）。逆説的だが、だからこそ、気候変動とパンデミックが襲う現代において、ニーダムが近代中国科学を〔その謙虚さゆえに〕「賢明だ」と描出したのは、鋭い指摘だと思われないだろうか。

終　章　論争をともなう結論

要旨　近代的経済成長をめぐるおおむねクズネッツ的なパラダイム内部で、大分岐に関する刺激的な議論が約二〇年間続いた。この議論について、読むときにも考えるときにも発見的な性質があったのは、議論が、前近代の諸大陸を相互比較するパラダイムの限界を明確にしたからである。議論は、歴史家、経済学者、他分野の社会科学者が、たとえ気が進まなかったとしても、近代的経済成長への移行は経路依存的であり、地理的な要素と政治的・地政学的・制度的発展がかなり決定的であった世界の諸国で次々に発生したことを認識させたのである。比較と論争は、長期的成長を理解する発見的な方法であり、現在の論争の歴史研究の状況を位置づけることは、その重要性を理解するために役立つのである。

キーワード　ヨーロッパ中心主義　長期的成長　時期区分　転換期　マルサス　スミス　エルヴィン　ポメランツ

◇議論の終焉

グローバルヒストリーでは、比較史的アプローチがとられる。それに必要な専門知識があると主張する歴史家と科学者のあいだの知的議論が、二〇年間にわたりなされた。現在では、大分岐に関する議論は、実質的に終わっている（Vries 2016 ; Parthasarathi and Pomeranz 2016）。

「議論のない歴史は、歴史ではない」。大分岐の議論を刺激することで、まず第一に、カリフォルニア学派が、歴史研究上いくつかの論点を解決したと主張するのも当然であろう。中国と世界経済の歴史の幸運な時点で、カリフォルニア学派の歴史家は、中華帝国後期の経済（そして、ムガル帝国、オスマン帝国、サファヴィー朝ペルシア帝国というアジアの諸帝国に続いて）を、西洋の興隆の背後にある制度的・経済的・技術的・科学的・政治的・地政学的要因に関する歴史的調査と分析的叙述の枠組みに収まるようにした（Daly 2015）。

カリフォルニア学派は、人間の営為に関するこのような物質的な面のすべてで、中国がもっとも優勢であった数世紀間の歴史研究〔のスタイル〕を確立した。そのため彼らは、効果的にヨーロッパ中心主義最後の名残を粉砕し、中華帝国が世界でもっとも進んだ有機経済として長期的に維持した地位を回復させた。彼らは、西欧の経済と政体が中国の諸民族が劣った生活水準、地政学的危険性、国内を不安定にした方向性とスピードで最初は〔中国と〕収斂し、ついで数世紀間にわたり分岐するまで、その状態は続いたというのである（Daly 2015, 2019）。

残念なことに、明代と清代の中国の記録から利用可能なマクロ経済学的・人口学的データの量と質からは、ヨーロッパ中心的ないし中国中心的な歴史家が、互いに関連する中国と西洋の経済の大分岐と大収斂に関して現実的な時期区分を構築することは不可能である（Deng and O'Brien 2015, 2016：しかし、Broadberry et al. 2018を参照）。

重要な時期区分のすべては、帝国後期の中国と西欧の経済の歴史的起源とその後の大分岐を説明する分析的叙述の枠組みを提供できるかもしれない。だが残念ながら、われわれが利用できるのは、図書館の書物や論文の議論だけであり、それらは中華帝国やヨーロッパの経済史で信頼される研究者が構築したものである（Deng and O'Brien 2016）。相互比較のための基本的データの範囲と性質以外に、古典中国語を読むことができない人々が利用可能な印刷した二次史料が主としてヨーロッパの言語で書かれているのは、中国の大学からは、一九四九年に中華人民共和国が建国される以前の帝国時代の過去の地位と性質に関する議論にわざわざ加わった研究者はほとんどいなかったからである（Wong 2011：Garcia and de Souza 2018）。したがって、議論は、西洋の大学で職をえている研究者が生み出した二次文献のサンプルをベースとせざるをえない（Wong 2011：Vries 2015：Roy and Riello 2019）。

だが、研究者による議論に参加している著名な経済史家の一団が、長期的に問題に関与し、諸国民の富と貧困のように普遍的に重要であるグローバルヒストリーのテーマに対して、地域と時代を超えて比較しようとする歴史家と社会科学者に対する教訓が生み出されてきたのである。大分岐に関する論争は、中国と西欧の有機経済が数世紀間を要した長期的な大分岐に至るときに異なった軌跡をたどり、国家を超えて関連した環境・地政学的・政治的・文化的諸力について、二つの地域の対照的な歴史の背景にある複雑性から説明する経済学者がつくった倹約モデルの脆弱性を露わにした（Macfarlane 2014 : Deng and O'Brien 2015, 2016）。

◇私の結論

石炭（中華帝国は、大量に有していた）以外のことについて述べよう。中国は、征服にあたって、国境を越え、耕作地や他の天然資源を管理した。それらは大規模ではあったが、十分には活用されていなかった。科学技術的形成の点では転換期であった（中国は、それを最終的には西洋から輸入して適合させた）けれども、中華帝国と西欧における工業化以前の時代に関する豊富な文献から私が導き出した結論は、大分岐は、おそらく、基本的には二つの（中国の）内生要因のためなのである。すなわち、スタートが早かったため、かえって豊かな天然資源が失われることになってしまった（Deng 1999 : Elvin and Liu 1998 : Elvin 2004）。第二に、成功に付随した慣性により、良い点もあったものの、中国のマルサス主義的な問題に対し、科学技術を用いた解決法を用いることをあまり促進しなかった孤立した帝国の歴史が問題なのである（Elvin and Liu 1998 : Elvin 2004）。

二〇年間にわたる啓発的な議論ののち、これらの要因については、「幸運な」要因――とりわけ西欧に特有――をかなり選択した短いリストに言及することが避けられない。たとえば、石炭が埋蔵されており、南北アメリカの開発、ヨーロッパ大陸でローマ帝国やカロリング朝、その後も広大な領土をもつ諸帝国が滅亡し、戦争が生じ、公共財への出費が格段に増えたことがそれにあたる（Wang 2011）。グローバルヒストリーの普及に大きく貢献した豊穣な歴史学の文献の一部を読んだあとで、ヨーロッパ中心主義の著者〔である私〕（残念なことに中国語が読めない）が中華帝国と西欧が大分岐を経験した時期と、それが継続したことを分析的に説明するもっとも客観的な手法を述べてみよう。長期的な経済成長の研究をするため、クズネッツ的パラダイムが認める計量化の推進をするために必要な統計的一次史料を使わず、グローバル経済史の叙述を構築しようとしても、限界があると悟ることからはじめることが大切である（Kuznets 1966, 1971；Allen et al. 2011）。ユーラシアの両端に位置する二つの経済には、顕著な相違があると認識する方が、より発見的かもしれないのではないだろうか。

生産形態が圧倒的に農業と有機的な生産形態に依存していた時代に、中国の人々は、利用可能な空間、生態学的条件、天然資源、消費、交易、生産の特化をし、多くの範囲の商品を耕作・加工する点で、ヨーロッパ人よりも適していたように思われるかもしれない（Elvin 2004）。これらの天然資源は、ローカルなレベルだけではなく、地域的な生産の特化への比較優位があるように転換したので、中国の共同体は広大な空間を超え共通の言語で通信し、共通の文化を共有し、世界最大の切れ目のない領土を有する帝国を横断する広がりと一体性を維持した。そのため、中国の共同体に政治的安定、国内の秩序、対外安全保障を提供すると約束した戦士からなる王朝が維持した規則やイデオロギーと適合し、そこから生じる利益を発見することになったのであろう（Deng 2015）。ときどき（?・）、満洲出身の清王朝が帝国の統治を引き継ぐ以前に、環境悪化と天然資源の枯渇が誰の目にも明らかになるまでに悪化した。そのとき、新満洲体制〔清朝〕によって加速化した人口増により、断片的につながっていた領土が中央アジアにまで大きく拡大し、統治能力が強化されたのである（Rowe 2009；Von Glahn 2016）。

要するに、英語で発表された中華帝国の二次史料にもとづくため、どうしても表面的にならざるをえないサーヴェイからえられたメッセージによれば、カリフォルニア学派がスタートさせた大分岐に関する有名な論争は、〔中国の衰退ではなく〕むしろ西洋の興隆の理解に寄与したのかもしれないのだ。さらに、中華帝国のはじまりと長期的衰退の説明を理解し伝えようという努力が見られる彼らより以前の世代の中国研究者が著したモノグラフに含まれる計量化と比較史研究の方法論に対して、分析的叙述とより慎重なアプローチを付加したのである（Elvin 1973, 2004；Elvin and Liu 1998；Deng 1999, 2015）。早くからスタートしたことからもたらされたマイナス要因、マルサスの圧力が出現したこと、そしてこのように広大な空間からなる帝国への資金提供と管理のための負担は、残念ながら計測することはできないし、西欧の負担と厳密に比較することも不可能である。それでもなお、それらは中国と西洋の相違の分析的叙述のために重要な諸章として存在する。それは、ヘロドトスなら認識するように、環境変化とパンデミックが猛威を振るう時代において、残念なことに祝福できそうにない〔西洋と中国の〕収斂の時代へと変貌しつつあるグローバルヒストリーの長期サイクルの一つの局面を示すのである。

訳者解説

本書の重要性

「パトリック・オブライエンほど、グローバル経済史を推進した研究者はいない。短いが中身はぎっしりと詰まっている本書で、この分野で最大の論争に関する彼自身の立ち位置を提示する。彼は、長期間にわたりもっとも進んだ有機経済であった中国が、工業化しつつあった西欧に追い抜かれた理由について分析する。彼の主要な説明は内生的なものである。中国は自然の恵みを使い果たしてしまったが、政府はそれに対しほとんど何もしなかったのだ。私はそれに同意する」

ペール・フリース（社会史国際研究所、アムステルダム）

「パトリック・オブライエンは、ヨーロッパにおいて、グローバルヒストリー、とりわけグローバル経済史復興《ルネサンス》のリーダーシップを握ってきた。精力を注ぎ込んで書かれた本書で、ここ二〇年間の大分岐に関する議論を統合し詳細に吟味するにあたり、オブライエンの博識と論争の整理に見られる切れ味の鋭さが見事に示されている」

ギャレス・オースティン（ケンブリッジ大学経済史教授）

本書は Patrick Karl O'Brien, *The Economies of Imperial China and Western Europe : Debating the Great Divergence*（Palgrave Macmillan 2020）の全訳である。訳者が挿入した語句・文章については、〔 〕を使用した。また、原文には小見出しがないが、訳者の判断で作成した。本書は、ハードカバーとソフトカバーでごくわずかに異なる点があるが、ソフトカバーに依拠した。

本書に寄せて、ペール・フリースとギャレス・オースティンから、右のような賞賛の言葉が述べられている。

パトリック・オブライエンがいなければ、グローバル経済史が世界的に根づくことはなかったであろう。オブライエンは研究者としてすぐれているばかりか、経済史においておそらく世界一の組織者である。信じられないほど多くの人々と知り合いであり、彼を慕う人は数えきれない。

ペール・フリースとギャレス・オースティンは、そのような人たちの代表といえよう。ペール・フリースはライデン大学の教授からウィーン大学のグローバルヒストリー講座の教授となった人物である。現在は、アムステルダムの社会史国際研究所に籍をおく。最近も驚異的なペースで大部の書物を上梓している。

ギャレス・オースティンは世界を代表するアフリカ史家である。現在はケンブリッジ大学の教授であるが、長年にわたりLSEでオブライエンの同僚であった。オースティンがオブライエンから受けた影響は計り知れない。

そのような彼らが、本書に対して惜しみない賛辞を述べているのである。

これだけでも、本書の重要性はご理解いただけよう。では以下で、その重要性を明らかにする解説を書きたい。

ポメランツの論点

「知識経済」という言葉を人口に膾炙させたことで名高い経済史研究の泰斗ジョエル・モキイア[1]が主幹を務める経済史のシリーズに、「西洋世界に関するプリンストン経済史」(The Princeton Economic History of the Western World) がある。このシリーズの水準は非常に高く、経済史のみならず一般の歴史研究に大きなインパクトを与えた多数の書物がある。そのなかでも、二〇〇〇年に上梓されたケネス・ポメランツの『大分岐』[2]こそ、世界史の研究方法を根本的に変えた書物として知られる。「大分岐」という用語は、世界中の歴史家で、知らない人はいないのではないかと思われるほど人口に膾炙しており、同書の影響力はいまだに非常に大きいのである。

『大分岐』の内容については、日本では秋田茂がきわめて適切な要約をしているので、ここではそれを紹介してみたい。

本書の論点は二つある。その一つは、一八世紀の半ば一七五〇年頃まで、西欧と東アジアの経済発展の度合いにはほとんど差がなく、「驚くほど似ていた、ひとつの世界」であったことを明らかにした。旧世界に散在した四つの中核地域――中国の長江デルタ、日本の畿内・関東、西欧のイギリスとオランダ、北インド――では、比較的自由な市場、広範な分業による手工業の展開（プロト工業化の進展）、高度に商業化された農業の発展を特徴とする「スミス的成長」が共通に見られた。資本蓄積のみならず、ミクロな指標として一人当たりカロリー摂取量、日常生活での砂糖や綿布消費量や出生率でも、これら四地域では差がなかった。比較対象として、中国全土でなく、最も経済が発展し人口密度も高かった長江デルタと西欧（現在のEU圏）に着目した点がユニークである。

第二は、ユーラシア大陸において発達した市場経済が、一八世紀後半の人口増加に伴う生態環境の制約（エネルギー源としての森林資源の縮小や土壌流出など）に直面する中で、西欧だけがその危機を突破した原因を解明する。食糧・繊維（衣服）・燃料・建築用材のいずれを増産するにも、土地の制約に直面するなかで、イギリス（西欧）のみが、身近にあったエネルギーとしての石炭と、新大陸アメリカの広大な土地の活用によって、産業革命につながる社会経済の変革を実現できた。石炭と新大陸という全く偶然的な「幸運」があって初めて、西欧の台頭と工業化は可能になったのである。(3)

単純にいうなら、長期間にわたり、西欧と中国は手工業にもとづく（スミス的）経済成長を実現していたが、西欧、とくにイギリスは、大西洋経済の開発と石炭の利用により、圧倒的に大きな経済成長を実現したというのである。

ポメランツ以降、大分岐は、いく人もの研究者によって論じられてきた。さらにオランダ人の経済史家ヤン・ライテン・ファン・ザンデンは、経済成長はヨーロッパ全体で生じたのではなく、とくに北西ヨーロッパに集中していたということを「小分岐」という表現を用いて表した(4)。

大分岐論に関しては、多数の研究が存在し、私もそのすべてに目を通しているわけではない。そもそも、誰であれそのようなことは不可能である。パトリック・オブライエンが「日本語版への序文」で述べているように、大分岐に関して、少なくとも九冊の本と一〇〇本以上の専門論文が出されたのである。したがってここでは、私が直接触れることができたものにかぎられるが、少し言及しておこう。

ポメランツ以降

マルサスの罠からの離脱

ポメランツの考えでは、石炭と大西洋経済の開発が、アジアとヨーロッパの運命を分けた。ヨーロッパでもアジアでも、産業革命以前の経済成長はスミス的であったが、それ以降の経済成長は、ヨーロッパでは技術革新を特徴とするシュンペーター的なものになったのに対し、アジアではスミス的なままだったという主張になる。すなわち、アジア世界は、技術革新を前提とせず、人口増大のため経済成長が不可能になるという「マルサスの罠」に陥ってしまったということになろう。これに関しては、プロト工業化、重商主義の研究者として名高い次のラース・マグヌソンの言葉が、ポメランツの論を補強することになろう。

ヨーロッパがスミス的な道を歩んだなら、一九世紀の中国のようなアジアの国々と同様、マルサスの罠に陥った公算がすこぶる高いことは明白である。新しい鉱物のエネルギーが供給されなかったなら、ヨーロッパは、一九世紀の中国に絶えずつきまとった窮状を乗り越えることはできなかったであろう。土地は疲弊し、労働は過剰に供給され、生産性は縮小し、停滞が生じたはずだ。だが、この解釈に従うなら、一九世紀の転換期になっても、イギリスと中国（あるいはドイツとフランスなど）の発展水準は、あまり違わなかった。ようするに、ランデスがいったように、相違をもたらしたのは、産業革命という「筋力とエンジン」であった。(5)


マグヌソンのこのような考え方は、本書と大きく重なり合っている。また、アメリカ人の経済史家モキイアは、重要な概念として、「有用な知識（useful knowledge）」を提唱する。この「有用な知識」とは、自然に対してわれわれのそして、日々の行為を意味する。「有用な知識」は二種類あり、自然がどのように作用するかということに焦点をあてる（全知的知識）と、技術の使用方法に焦点をおく「規範的な知識」とに分かれるという。この二つのタイプの「有用な知識」の相互作用こそ、経済成長の鍵である。

モキイアによれば、一七世紀の科学革命が産業革命に役立つために、「有用な知識」は、大学、出版社、専門家の団体機関を媒介として、社会全体に行きわたったのである(6)。

このようなモキイアの提起にもとづき、ファン・ザンデンは、近代的経済成長は、究極的には知識の蓄積であるという見方をとった（モキイアと同様に、ファン・ザンデンは、それを証明しているわけではない）。

ファン・ザンデンは、「有用な知識」を表す尺度として、書物の出版数を取り上げる。ヨーロッパの出版点数は、清や日本のようなアジアの諸国と比較して、はるかに多かった。しかも、グーテンベルク革命の影響で、書物の価格は安価になった。したがって、西欧はアジアよりも大きく進んだ知識社会、ないし「有用な知識」が普及した社会となったのである(7)。

プラサナン・パルタサラティ

二〇一一年になると、インド史家パルタサラティが、『ヨーロッパが豊かになり、アジアがそうならなかったのはなぜか』というタイトルの書物を出し、中国ではなく、インドとイギリスを比較した(8)。パルタサラティによれば、一七～一八世紀において、ヨーロッパとインドは同じような経済成長をしていた。また、ヨーロッパの優位は、市場、合理性、科学、制度などにはなかった。また、しばしばいわれることとは異なり、一八〇〇年に至るまで、カースト制度は決して強くはなく、この制度が経済成長の妨げになったとは考えられない。技術面での変化こそ、インドとヨーロッパを分けたのである。

イギリスは、二つの強い圧力を受けていた。一つは、インドとの綿織物の競争である。綿織物は、アメリカから日本に至る世界各地で消費され、貿易面でもっとも重要な商品であった。インドとの競争に勝つために、イギリスはインドの綿を真似、さらには紡績機を発明した。このように、インドとの綿織物市場をめぐる競争に勝利したことが、「大分岐」の大きな要因となった。イギリスは、大西洋岸のいくつかの地域でも、綿を販売した。

ペール・フリース

二〇一三年にはペール・フリースが、『貧困からの脱出』を上梓した[9]。彼は、グローバルヒストリアンのさまざまな大分岐論を紹介し、ヨーロッパの台頭と中国の衰退は、中国の税率が高かったからだと主張した。しかし、現実に彼がその証明に成功しているかどうか、疑問というほかない。少なくともヨーロッパ内部では、経済水準が高かったオランダとイギリスの一人当たりの税負担は非常に高かったのである。

小括

このように、現在では多くの大分岐論があり、まさに百家争鳴の様相を呈している。ここで取り上げた以外にも、大分岐論争に参加している研究者がいる。

欧米人の議論には、ある一つの指標をつくり、すべての事柄をその観点から論じる傾向がある。しかし、それは、複雑な歴史的現実をあまりに一面的にとらえるという大きなマイナス面も含んでいるのである。それは、大分岐の論者にもあてはまる。そこには、歴史の複雑さを極度に単純化するという問題点があるように思われてならない。

たしかにポメランツがいうように、イギリスには石炭があった。しかし、イギリスの石炭は、ドイツやノルウェーに輸出された。したがって、イギリスの石炭はたしかにイギリスの原料供給源となったが、北海のいくつかの地域にも輸出されたのである。したがって、じつはポメランツの議論は、一国史観でしかないと批判されても仕方あるまい。

そもそもモキイアやファン・ザンデンの「知識社会」論と経済成長との関係はなお仮説にとどまっており、実証的な説とはいい難い。またファン・ザンデンのように、出版点数というただ一つの指標をもとに、ヨーロッパが進んだ知識社会であったと論じるのは、彼にはよくあることだが、理論の飛躍が大きすぎる。

パルタサラティが中国ではなくインドを対象としている点、さらにはイギリスの産業革命で大量に生産されるようになった面に注目している点は大いに注目すべきであるが、綿という商品だけで大分岐を語るのは不可能であろう。なぜ、綿に限定するのか。

また、ペール・フリースの議論については、近世のヨーロッパでは絶え間なく戦争が続いており、そのために多くの国々が多額の借金をしなければならなかったことはよく知られている。そのようなヨーロッパが、中国よりも税負担が少なかったという論理展開自体、乱暴ではないかと思うのである。すなわち、ここにあげた大分岐論には、どれも一長一短で、大きな説得力をもつものはない、といってよかろう。

オブライエンの議論

私よりもはるかに大分岐の議論について詳しいオブライエンであるので、本書の内容はここでまとめたよりもはるかに深いものになっている。オブライエンのLSE時代の同僚であったケント・デングと協力し、中国の経済成長を研究してきた[10]。本書は、おそらくその成果の一つである。本書は、決して大部な書物ではない。全部で七章からなり、英文の文献にもとづいているとはいえ、それぞれが長い研究史をふまえた密度の濃い論考である。

オブライエンは、ポメランツ以降いくつか出た大分岐に関する書物とは異なり、中国とヨーロッパの経済比較をする。そして、ポメランツとは違う結論を出す。この点からも本書は、カリフォルニア学派との対話の書物だといえるのである。

オブライエンは多様な分野の経済史を研究してきたが、計量経済史家としての側面が強い。しかしまた、その限界もよく知っている。マグヌソンはかつて私に、こう語ってくれたことがあった。「パトリックは計量経済史家だが、それとともにこの手法の限界を知っている。古代から現代までの経済成長率を計算することなどできないというわけだ。だからそういうことをしたアンガス・マディソンのやり方には、批判的だ」と。本書でオブライエンが、ファン・ザンデンに対して批判的なのは、ファン・ザンデンの統計値の使い方に繊細さが欠けているからではないかと、私は推測している。オブライエンは、数量経済史の意義を認めつつも、その限界を認識しながら、本書を著したものと思われる。

第一章では、主としてヨーロッパの中国認識が取り上げられる。おそらくこれは、*Journal of Global History* の創刊号の巻頭論文、"Historiographical traditions and modern imperatives for the restoration of global history"[11]の延長線上のテーマである。

そもそもヨーロッパには、中国を蔑視する伝統はなかった。近世においては、啓蒙思想家が、中国を賛美することもあった。中国の優位は、有機経済として世界最高水準の国家であったが、ヨーロッパが産業革命により無機経済を発展させると、経済的地位は逆転した。ヨーロッパ人は、中国は伝統に固執し、その呪縛から抜け出せないと考えるようになった。しかし中国経済が大きく発展した現在では、そのようなヨーロッパ中心主義的な見方はむしろ少数になった。かといって中国の重要性を過大評価する中国中心的な見方も間違いであり、両地域の差異を、具体的に検証する必要がある。

第二章では、中国とヨーロッパの経済比較が中心となる。ポメランツによれば、産業革命以前の数世紀間の両地域の経済は、「驚くほど似ていた」。では、その後この両地域になぜ大きな相違が発生したのかということが、問われるべき課題となる。だが、そのために必要な統計は完備していない。「大きな問題は、ヨーロッパの研究者は、中国経済史の知識と理論構造に関する知識を欠いており、彼らが使用する数量的データの性質を理解することができていないことにある」のだ。

第三章で論じられるのは、環境と天然資源の問題である。中国は、生態系が多様だということをベースとする有機経済を発展させていった。ヨーロッパは、バルト海地方とロシアから、産業市場経済の形成に必要な穀物、魚、木材、鉄、ピッチ、タール、亜麻、麻などの有機産物を輸入した。さらにヨーロッパでは、石炭が供給された。そのうえ大西洋経済を発展させ、そのために黒人奴隷を使用した。

一方中国では、人口圧に対応することが困難になり、有機経済の限界に達した時期に、満洲（清）王朝が明王朝に取って代わった。ヨーロッパとは異なり、中国は、無機経済への転換を経験することはなかったのである。この点に、近世になり、中国よりヨーロッパの経済成長率がはるかに高くなった理由がある。

第四章では、明清の農業経済が論じられる。農業社会から工業化社会への移行を示す理論として、農業の生産性が高くなったために農業労働者数が少なくてすみ、そのため農村から都市の工業へと労働力が移動するという理論がある。オブライエン自身、これまでの研究でしばしばこの理論を利用してきた。

中国の農業は、粗放的・集約的であり、技術的進歩はあまりなかった。この点で、ヨーロッパとは対照的である。中国国家は、農業発展のために国家がインフラストラクチャーに投資することはなく、農業が発達しなかったので、人口圧を乗り越えて、経済を発展させることはできなかった。そのため、マルサスサイクルからの離脱は不可能であった。

第五章では、一六四四〜一八四四年の、中国とヨーロッパの経済成長が扱われている。大分岐に関する議論では、中国は有機経済では世界でもっとも進んだ地位にあったことが認められている。中国は、ヨーロッパとは対照的に、いわばそこから脱出することができなかったのである。

ヨーロッパは大西洋貿易、さらにはバルト海地方、ロシアとの貿易を拡大した。ヨーロッパは、海外から砂糖、タバコ、綿織維などを輸入し、それがヨーロッパ人の生活水準の上昇につながった。

イギリスには、大量の石炭が埋蔵されており、それを使用することで、熱量集約的な製造過程を維持することができた。イギリスは、石炭を産業革命のエネルギー源にすることに成功した。ヨーロッパ諸国は、耕作地を周辺地域に拡大することで、都市化に対応した。中国同様、ヨーロッパも大陸間交易ではなく、むしろ地域内部の資源を活用することでマルサスの罠から離脱することができたのである。中国にも石炭は大量にあったが、それを動力として用い、スミス的経済成長から脱することはできなかったのである。

ヨーロッパは、重商主義時代の戦争の継続により、国家に従順な国民の育成に成功した。中央政府の力が強くなり、商業エリートのあいだの協力関係が強まり、それが効率的な国家運営に寄与することになった。

第六章では、中国とヨーロッパの科学面での比較がなされる[12]。すでにジョセフ・ニーダムにより、ヨーロッパだけではなく、中国においても長年にわたって科学が発展したことは知られるようになった。だが大分岐論争では、科学の問題はほとんど考慮されない。

イエズス会は、ヨーロッパ科学の成果を中国に輸出していた。イギリス産業革命によって綿織物の輸出に成功するまで、ヨーロッパが中国に輸出できた数少ない財の一つであった。中国の教育は、科挙制度に見られるように、人文主義を基調にしており、また科学全体に統一性がなく、経済成長にプラスになったとはあまり思えないのである。

終章では、これまでの議論にもとづいた結論が述べられる。中国は結局、有機経済から無機経済への移行ができなかったのだ。

おわりに

オブライエンは、カリフォルニア学派の意見に同調することも、批判することもある。しかし何よりも重要なことは、本書が、カリフォルニア学派との対話の本であるということであろう。

生活水準から判断するなら、ポメランツがいう一七五〇年頃よりも以前に、ヨーロッパの水準が中国のそれを上回っていた可能性は高い。だが、その時期を明示することは不可能であろう。中国は、間違いなく、有機経済では世界最大の経済大国であった。オブライエンは、おそらくポメランツ以上に、中国経済の水準の高さを評価する。(13) しかし中国は、ヨーロッパ経済とは違い、有機経済の段階＝スミス的経済成長にとどまり、産業社会の形成に行き着くことはなかった。その理由について、ポメランツのいうように、イギリスで石炭が燃料源として使えた重要性は認めたうえで、中国にあった石炭は蒸気機関の動力としては使用されなかったことが、中国が産業資本主義経済へと至らなかった決定的な問題点であったと考える。しかし、ポメランツとは異なり、大西洋貿易ではなく、ヨーロッパの周辺地域の農地拡大が、ヨーロッパの人々に食料を供給した意義を強調する。オブライエンは農業史家でもあり、その知識が、生かされているといえよう。さらに彼は、いつもと同じく、内生要因を重視する。

ポメランツの『大分岐』がヨーロッパの興隆の要因を明らかにしようとした書物であるとするなら、本書は、中国が有機経済から無機経済へと移行しなかった理由を述べた本なのである。

ここで私としては、本書で明らかにされたオブライエンの研究手法に関して、一つの疑問点を提示したい。

産業革命とは、長期的に見れば、たしかに有機経済から無機経済への転換を意味する。この転換に成功したヨーロッパと、失敗した中国に大きな経済格差がついたのは当然といえよう。ただしそれは、一八世紀後半のイギリス産業革命（第一次産業革命）から一九世紀末の米独の第二次産業革命に至る長期の過程である。有機経済から無機経済への転換が、第一次産業から第二次産業革命までかかった過程と考えるなら、大分岐と無機経済の関係を、オブライエンは強調しすぎていると感じられる。それはまた、大分岐論に参加している研究者にもあてはまるのではないだろうか。

とはいうものの、本書が、二〇年余りにわたり、世界の経済史学界（いや、世界の歴史学界といってよいかもしれない）のもっともホットなテーマである大分岐論を、さまざまな角度から分析し、新たな観点を出した研究であることもたしかなのである。これにまさる大分岐論を出すことは、かなり困難であろう。

イギリス人のなかでもっとも知られたフランス史家であり、オブライエンとも親しかった故リチャード・ボニーは、「パトリックは一つのセンテンスにあまりにたくさんの情報を詰め込んでいる。だから、彼のいうことはわかりにくいんだ」と私にいったことがある。本書は薄い書物だが、込められた情報量は大変多い。論理展開は混みいっている。しかしまた、欧米の経済史研究のエッセンスが凝縮されている書物であることも事実である。

読者には、そのエッセンスを感じとっていただきたいと願っている。(14)

注

（1）モキイアの書物の邦訳として、ジョエル・モキイア著、長尾伸一・伊藤庄一訳『知識経済の形成――産業革命から情報化社会まで』（名古屋大学出版会、二〇一九年）がある。

（2）Kenneth Pomeranz, *The Great Divergence : China, Europe, and the Making of the Modern World Economy* (Princeton: Princeton University Press, 2000)；ケネス・ポメランツ著、川北稔監訳『大分岐――中国、ヨーロッパ、そして近代世界経済の形成』名古屋大学出版会、二〇一五年。

（3）秋田茂「大分岐　K・ポメランツ著」『日本経済新聞』朝刊二〇一五年七月一九日付。ここでは、https://www.nikkei.com/article/DGXKZO89488490Y5A710C1MY7001/

（4）Jan Luiten van Zanden, *The Long Road to the Industrial Revolution : The European Economy in a Global Perspective, 1000–1800,* Leiden, p. 5. また、Osamu Saito, "Growth and Inequality in the Great and Little Divergence Debate: a Japanese Perspective", *Economic History Review,* 2nd ser. Vol. 68, No. 2, pp. 399–419. ただし、「小分岐」自体は、決して目新しいことをいっているわけではない。ファン・ザンデンの新しさは、資本蓄積や技術革新ではなく、人的資本形成（スキルプレミアム）と知識の蓄積という観点から論じている点にある。

（5）ラース・マグヌソン著、玉木俊明訳『産業革命と政府――国家の見える手』知泉書館、二〇一二年、七頁。

（6）モキイア『知識経済の形成』。また、以下を参照せよ。Joel Mokyr, *The Enlightenment Economy : An Economic History of Britain, 1700–1850,* New Haven, 2010.

（7）Jan Luiten van Zanden, "Common Workmen, Philosophers and the Birth of the European Knowledge Economy: About the Price and the Production of Useful Knowledge in Europe 1350–1800" (pdf-file, 169 Kb), paper for the GEHN conference on Useful Knowledge, Leiden, September 2004: revised 12 October 2004；さらに，以下を見よ。Jan Luiten van Zanden, "De timmerman: De boekdrukker en het ontstaan van de Europese kenniseconomie over de prijs en het aanbod van kennis voor de industriele Revolutie", *Tijdschrift voor sociale en economische Geschiedenis,* Vol. 2, No. 1, 2006, pp. 105-120; Joerg Baten and Jan Luiten van Zanden, "Book production and the onset of modern economic growth", *Journal of Economic Growth,* 2008, Vol. 13, No. 3, pp. 217-235. ただしこれについては，あくまで仮説にとどまっており，証明された事実ではないように思われる。

(8) Prasannan Parthasarathi, *Why Europe Grew Rich and Asia Did Not,* Cambridge, 2011.

(9) Peer Vries, *Escaping Poverty : The Origins of Modern Economic Growth,* Vienna, 2013.

(10) Kent Deng and Patrick O'Brien, "Can Debate on the Great Divergence Be Located within the Kuznetsian Paradigm for an Empirical Form of Global Economic History ?", *The Low Countries Journal of Social and Economic History,* Vol. 12, No. 2, 2015, pp. 63-78; Kent Deng and Patrick O'Brien, "China's GDP per Capita from the Han Dynasty to Communist Times", *World Economics Journal,* Vol. 17, No. 2, 2016, pp. 79-123; Kent Deng and Patrick O'Brien, "Establishing Statistical Foundations of a Chronology for the Great Divergence: A Survey and Critique of the Primary Sources for the Construction of RelativeWage Levels for Ming-Qing China", *Economic History Review,* Vol. 69, No. 4, 2016, pp. 1057-82; Kent Deng and Patrick O'Brien, "Nutritional Standards of Living in England and the Yangtze Delta (Jiangnan), c. 1644-c. 1840", *Journal of World History,* Vol. 26, No.2, 2015, pp. 233-267; Kent Deng and Patrick O'Brien, "Why Maddison Was Wrong", *World Economics Journal,* Vol. 18, No. 2, 2017, pp. 21-41; Kent Deng and Patrick O'Brien, "Nutri-

tional Standards of Living in England and the Yangtze Delta (Jiangnan), circa 1644-circa 1840: Clarifying Data for Reciprocal Comparisons", *Journal of Global History*, Vol. 26, No. 2, 2015, pp. 233-267; Kent Deng and Patrick O'Brien, "The Kuznetsian Paradigm for the Study of Modern Economic History and the Great Divergence with Appendices of Literature Review and Statistical Data", LSE Department of Economic History Working Paper, 2021.

(11) Patrick Karl O'Brien, "Historiographical traditions and modern imperatives for the restoration of global history", *Journal of Global History*, Vol. 1, No. 1, 2006, pp. 3-39.

(12) この問題に関するオブライエンの研究として、Patrick O'Brien, "Historical foundations for a Global Perspective on the Emergence of a Western European Regime for the Discovery, Development, and Diffusion of Useful and Reliable Knowledge", *Journal of Global History*, Vol. 8, No. 1, pp. 1-24.

(13) 中国史研究の水準が非常に高い日本の歴史学界では、中国経済の高さは周知の事実であったので、ポメランツの主張がそう目新しいものではなかったかもしれない。岸本美緒「グローバル・ヒストリー論と「カリフォルニア学派」」成田龍一・長谷川貴彦編『〝世界史〟をいかに語るか――グローバル時代の歴史像』岩波書店、二〇二一年。

(14) この「訳者解説」は、玉木俊明『拡大するヨーロッパ世界 一四一五-一九一五』知泉書館、二〇一八年、第一章をもとにして、大幅に書き換えたものである。

訳者あとがき

ポメランツが書いた『大分岐』の原著を最初に読んだのは、たしか二〇〇二年であったと思う。読後感は、新しい歴史学が生まれたというものであった。

ポメランツの主張に賛成するにしろ反対するにせよ、『大分岐』こそ、現在の世界中の歴史家が意識しなければならない作品であることは間違いない。

『大分岐』の影響もあり、最近の比較的若いヨーロッパの歴史家は、ヨーロッパがずっとアジアよりも進んでいたとは、基本的に思っていないようである。ヨーロッパの台頭は、アジアをうまく利用したからであり、ヨーロッパだけの力ではなかったということが、自明の前提となっているように思われる。欧米人は、ヨーロッパ中心史観から抜け出そうとしている。歴史学研究のあり方は大いに変わったのだ。

私が大学に入学した一九八三年当時の歴史学では、欧米が研究のモデルだと考えられていたが、現在では、それはヨーロッパ中心史観だと批判されるようになった。いうまでもなく、そこには『大分岐』の影響が強く感じられる。二〇世紀最後の年に出版された『大分岐』は、二一世紀の歴史学研究の方向性を決定した本と評しても、決して過言ではない。

『大分岐』が上梓されて二〇年以上がすぎ、「大分岐論」そのものが、一つの歴史となった。その研究史をまとめ、さらにオリジナルな視点を提示した書物の出版が待たれるのは当然である。本書、『「大分岐論争」とは何か』は、そのためにうってつけの本だといえよう。本書は博識で知られるパトリック・オブライエンが、カリフォルニア学派との対話を中心として、「大分岐論」に関する新たな視点を提示したものである。

詳細な内容については本文と訳者解説に譲るが、本書は、世界最高水準のグローバル経済史家であり、ポメランツの友人であり、カリフォルニア学派と親しく、ケント・デングという中国経済史の重鎮と共同論文を執筆してきたオブライエンならではの知見が散りばめられた書物だといってよい。

オブライエンの研究の特徴は、「比較史」にある。それは、一九七六年にピーター・マサイアスとの共著で、イングランドとフランスの比較財政史を著して以来の特徴である。しかもポメランツによれば、オブライエンの比較史は、おそらく無意識のうちに、『大分岐』の執筆に大きな影響を与えた。とすれば本書は、オブライエンの影響を受けたポメランツが書いた書物に対して、オブライエンが返答した本だということになろう。

本書は、比較史の観点から、中国とヨーロッパに関して大分岐論を踏まえてまとめた重要な作品である。本書を読むことで、欧米の経済史でこの二〇年間にわたりもっともホットなテーマであり続けた大分岐論に関する最新の知見を理解していただけることを願っている。

＊　＊　＊

オブライエンの業績については、改めて詳述する必要はないであろう。だが、彼の研究歴について少し付け加えることがあるとすれば、もともとオブライエンは経済史家ではなく、エジプトの経済成長を研究する開発経済学者であったということだ。一九五九年にはエジプトに留学し、当時のエジプト大統領であったナセルとの知己をえた。開発経済学に関する知識が、本書の執筆にも役立ったことであろう。そもそも工業化は、開発経済学の主要なテーマだからである。読者は、オブライエンが開発経済学、農業史、科学史をはじめとするいくつもの分野の研究を融合し、大分岐に関する彼自身の見方を提示したことをわかっていただけるものと思う。

翻訳にあたり、大阪大学の秋田茂教授は、ミネルヴァ書房を私に紹介してくださった。その秋田先生と、オブライエンの論文集『帝国主義と工業化　一四一五～一九七四』を翻訳・出版したのは、『大分岐』がアメリカで上梓されたのと同じ、二〇〇〇年のことであった。それから二三年たち、またオブライエンの書物を、しかも前回と同じミネルヴァ書房から世に問うことができた。

この間、私が研究を進めていくにあたり、オブライエンは必ず意識しなければならない研究者であった。経済史研究において、今年九一歳のオブライエンが、まさに世界の最先端で活躍しているのである。そのためオブライエンは、世界中の歴史研究者から称賛されている。まさに、驚異の歴史家である。

本書は、非常に多くの知識があることを前提として書かれており、翻訳に際して難しいことが多かったが、なんとか終わらせることができた。私はこれまで、オブライエンには大変世話になった。本訳書の上梓で、これまでの恩を少しでも返せたのではないかと思う。

翻訳には、ミネルヴァ書房編集部の岡崎麻優子さんから多大な支援を賜った。記して感謝の意を表したい。

二〇二三年九月　東大阪にて

玉木俊明

《訳者紹介》

玉木俊明（たまき・としあき）

1964年　生まれ。
1992年　同志社大学大学院文学研究科文化史学専攻博士後期課程単位取得退学。
現　在　京都産業大学経済学部教授。
主　著　『北方ヨーロッパの商業と経済　1550-1815』知泉書館，2008年。
『拡大するヨーロッパ世界　1415-1914』知泉書館，2018年。
『手数料と物流の経済全史』東洋経済新報社，2022年。

「大分岐論争」とは何か
——中国とヨーロッパの比較——

2023年12月10日　初版第1刷発行　〈検印省略〉

定価はカバーに
表示しています

訳　者　玉　木　俊　明
発行者　杉　田　啓　三
印刷者　江　戸　孝　典

発行所　株式会社　ミネルヴァ書房
607-8494　京都市山科区日ノ岡堤谷町1
電話代表（075)581-5191
振替口座 01020-0-8076

共同印刷工業・新生製本

ISBN978-4-623-09618-3
Printed in Japan

索　　引

（＊は人名）

さ　行

た　行

な　行

参考文献

第1章

Acemoglu, D., & Robinson, J. (2013). *Why nations fail : The origins of power, prosperity and poverty.* New York: Crown Publishers.〔鬼澤忍訳『国家はなぜ衰退するのか――権力・繁栄・貧困の起源』早川文庫, 2016年〕

Andrade, T. (2016). *The gunpowder age : China's military innovation and the rise of the west in world history.* Princeton: Princeton University Press.

Adshead, S. (1995). *China in world history.* London: Palgrave Macmillan.

American Historical Review Forum. (2002). Political economy and ecology on the eve of industrialization: Europe, China and the global conjuncture. 107 (2).

Bairoch, P. (1998). *Victoires et déboires : Histoire economique et sociale du monde du XVIe siècle à nos jours.* 2 vols. Paris: Gallimard.

Barrow, J. (1806). *Travels in China containing descriptions, observations and comparisons.* London: T. Cadell and W. Davies.

Black, J. (2014). *The power of knowledge : How information technology made the modern world.* New Haven: Yale University Press.

Berg, M. (2006). British industry and perceptions of China: Mathew Boulton, useful knowledge and the McCartney Embassy to China, 1792-94. *Journal of Global History,* 1, 269-288.

Bol, P. (2008). *Neo-confucianism in history.* Cambridge, MA: Harvard University Press.

Braudel, F. (1981-84). *Civilization and capitalism.* 3 vols. London: University of California Press.〔村上光彦訳『物質文明・経済・資本主義 15-18世紀』みすず書房, 1985-99年〕

Broadberry, S., Hanhui, G., & David, D. L. (2018). China, Europe and the great divergence: A study in historical national accounting. *Journal of Economic History,* 78, 1–46.

Broadberry, S., & O'Rourke, K. (2010). *The Cambridge economic history of modern Europe*: Vol. 1. *1700–1800*. Cambridge: Cambridge University Press.

Brook, T. (2011). *The Troubled Empire : China in the Yuan and Ming dynasties*. Cambridge: Harvard University Press.

Brook, T., & Blue, G. (Eds.). (1999). *China and historical capitalism : genealogies of sinological knowledge*. Cambridge: Cambridge University Press.

Canadian Journal of Sociology. (2008). 33(1).

Cohen, P. (1984). *Discovering history in China : American historical writing on the recent Chinese past*. New York: Columbia University Press.〔佐藤慎一訳『知の帝国主義——オリエンタリズムと中国像』平凡社，1988年〕

Cranmer-Byng, J. (Ed.). (1962). *An embassy to China : Lord Macartney's Journal. London*: Longmans, Green & Co.

Daly, J. (2015). *Historians debate the rise of the West*. Abingdon: Routledge.

Dawson, R. (1967). *The Chinese chameleon : An analysis of European conceptions of China*. Oxford: Oxford University Press.〔田中正美・三石善吉・末永国明訳『ヨーロッパの中国文明観』大修館書店，1971年〕

Deng, K. (2016). *Mapping China's growth and development in the long run, 221 BC to 2020*. Singapore: World Scientific Publishing Company.

Dixin, X., & Chengming, W. (Eds.). (2000). *Chinese capitalism 1522–1840*. London: Palgrave Macmillan.

Duchesne, R. (2011). *The uniqueness of western civilization*. Leiden: Brill.

Eckstein, A. (1968). *Economic trends in communist China*. Chicago:

University of Chicago Press.〔市村真一訳『中国の経済発展』創文社，1979年〕

Eichengreen, B., Gupta, P., & Kumar, R. (Eds.). (2010). *Emerging giants : China and India in the world economy.* Cambridge: Cambridge University Press.

Elvin, M. (1973). *The pattern of the Chinese past.* Stanford: Stanford University Press.

Elvin, M. (1984). Why China failed to create an endogenous capitalism? A critique of Weber's explanation. *Theory and Society,* 13, 379-391.

Elvin, M. (1996). *Another history : Essays on China from a European perspective.* Honolulu: University of Hawaii Press.

Fairbank, J. (Ed.). (1978). *Cambridge history of China.* Cambridge: Cambridge University Press.

Ferguson, N. (2011). *Civilization : The west and the rest.* London: Allen Lane.〔仙名紀訳『文明——西洋が覇権をとれた6つの真因』勁草書房，2012年〕

Feuerwerker, A. (1992). *Studies in the economic history of late imperial China : handicraft, modern industry, and the State.* AnnArbor: Michigan University Press.

Francks, P. (2016). *Japan and the great divergence.* London: Palgrave Macmillan.

Frank, A. G. (1998). *ReOrient : Global economy in the Asian age.* Berkeley: University of California Press.〔山下範久訳『リオリエント——アジア時代のグローバル・エコノミー』藤原書店，2000年〕

Gernet, J. (1982). *A history of Chinese civilization.* Cambridge: Cambridge University Press.

Goldstone, J. (2008). *Why Europe? The rise of the west in world history 1500-1850.* New York: McGraw Hill.

Goody, J. (2010). *The Eurasian miracle.* Cambridge: Polity.

Grinin, L., & Korotayev, A. (2015). *Great divergence and great convergence : a global perspective.* Cham: Springer.

Hobson, J. (2004). *The eastern origins of western civilization.* Cambridge: Cambridge University Press.

Jones, D. (2013). *The image of China in western social and political thought.* Houndsmills: Palgrave Macmillan.

Jones, E. (1987). *The European miracle : Environments, economies and geopolitics in the history of Europe and Asia.* Cambridge: Cambridge University Press. 〔安元稔・脇村孝平訳『ヨーロッパの奇跡——環境・経済・地政の比較史』名古屋大学出版会，2000年〕

Journal of Asian Studies. (2002). 61(2).

Journal of Asian Studies. (2003). 62(1).

Landes, D. (1998). *The wealth and poverty of nations.* London: Little Brown and Co.

Lieberman, V. (2009). *Strange parallels : South-East Asia in global context, c. 800-1830.* Vol. II, *Mainland Mirrors : Europe, Japan, China, South Asia and the islands.* Cambridge, MA: Harvard University Press.

Mackerras, C. (1989). *Western images of China.* Oxford: Oxford University Press.

Marks, R. (1998). *Tigers, rice, silk and silt : Environment and economy in Late Imperial South China.* Cambridge: Cambridge University Press.

Marks, R. (2012). *China : Its environment and its history.* New York: Rowman & Littlefield.

Marks, S. (2016). *Global capitalism from the renaissance to the present.* Cambridge: Cambridge University Press.

Maverick, L. (1946). *China : A model for Europe.* San Antonio: Paul Anderson Company.

Mote, F. (1999). *Imperial China 900-1800.* Cambridge, MA: Harvard University Press.

Mungello, D. (2005). *The great encounter of China and the west.* Lanham: Rowman & Littlefield.

Needham, J. (1969). *The great titration : Science and society in east*

and west. Toronto: University of Toronto Press.〔橋本敬造訳『文明の滴定——科学技術と中国の社会』法政大学出版局，2015年〕

Needham, J. (1970). *Clerks and craftsmen in China and the west*. Cambridge: Cambridge University Press.〔山田慶児訳『東と西の学者と工匠——中国科学技術史講演集』上下，河出書房新社，1974-77年〕

Parthasarathi, P. (2010). *Why Europe grew rich and Asia did not : Global economic divergence, 1600-1850*. Cambridge: Cambridge University Press.

Perdue, P. (2005). *China marches west : The Qing conquest of Central Eurasia*. London: Belknap Press of Harvard University Press.

Perez, M., & De Sousa, L. (2018). *Global History and polycentric approaches*. Singapore: World Scientific Publishing.

Phillips, J. (1998). *The medieval expansion of Europe*. Oxford: Oxford University Press.

Pomeranz, K. (2000). *The great divergence : China, Europe and the making of the modern world economy*. Princeton: Princeton University Press.〔川北稔監訳『大分岐——中国，ヨーロッパ，そして近代世界経済の形成』名古屋大学出版会，2015年〕

Prak, M., & Van Zanden, J-L. (2013). *Technology skills and the pre-modern economy in the west and east*. Leiden: Brill.

Ringmar, E. (2007). *Why Europe was first ? Social and economic growth in Europe and East Asia, 1500-1850*. New York: Anthem Press.

Sachsenmaier, D. (2015). Chinese definitions of the European — Some historical examples. *Comparative* 25.

Sierferle, R., & Breuninger, H. (Eds.). (2003). *Agriculture, population and development in China and Europe*. Stuttgart: Breuninger Stiftung GmbH.

Spence, J. (1999). *The Chan's great continent : China in western minds*. New York: W. W. Norton.

Staunton, G. (Ed.). (1853). *Juan Mendoza's : The history of the great*

and mighty kingdom of China. 2 Vols. London: Hakluyt Society.
Temple, R. (1998). *The genius of China : 3000 years of science, discovery and invention.* London: Prion Books.
Von Glahn, R. (2016). *The economic history of China from antiquity to the nineteenth century.* Cambridge: Cambridge University Press. 〔山岡由美訳『中国経済史――古代から19世紀まで』みすず書房, 2019年〕
Vries, P. (2013). *Escaping poverty : The origins of modern economic growth.* Vienna: Vienna University Press.
Vries, P. (2015). *State economy and the great divergence : Great Britain and China 1680s-1850s.* London: Bloomsbury.
Vries, P. (2020). *Averting the great divergence : State and economy in Japan, 1868-37.* London: Bloomsbury Academic.
Waley-Cohen, J. (1999). *The sextants of Beijing : Global currents in Chinese history.* New York: W. W. Norton.
Weber, M. (1951). *The religion of China.* Glencoe: The Free Press.
Wong, R. B. (1997). *China transformed : Historical change and the limits of European experience.* Ithaca: Cornell University Press.
Wood, E. (2002). *The origins of capitalism — A longer view.* New York: Verso.
Wright, M. (1957). *The last stand of Chinese conservatism.* Stanford: Stanford University Press.

第2章

Allen, R. C., Bengtsson, T., & Dribe, M. (2005). *Living standards in the past : New perspectives on well-being in Asia and Europe.* Oxford: Oxford University Press.
Allen, R. C., Bassino, J. P., Ma, D., Moll-Murata, C., & van Zanden, J-L. (2011). Wages, prices and living standards in China in comparison with Europe, Japan and India. *Economic History Review*, 64, 8-38.
Bateman, V. (2012). *Markets and growth in early modern Europe.*

London: Routledge.

Baumol, W. (1994). *Convergence of productivity : Cross national studies and historical evidence*. Oxford: Oxford University Press.

Bolt, J., & Van Zanden, J-L. (2018). *Rebasing Maddison*. Maddison Project Working Paper 10. University of Groningen Growth and Development Center.

Brandt, L., & Rawski, T. (Eds.). (2008). *China's great transformation*. Cambridge: Cambridge University Press.

Brenner, R., & Isett, C. (2002). England's divergence from China's Yangtze delta: Property relations, microeconomics and patterns of development. *Journal of Asian Studies*, 61, 609-662.

Broadberry, S., & Gupta, B. (2006). The early modern great divergence: Wages, prices and economic development in Europe and Asia, 1500-1800. *Economic History Review*, 59, 2-31.

Broadberry, S., & O'Rourke, K. (2010). *The Cambridge Economic History of Modern Europe*. Vol. 1: *1700-1800*. Cambridge, MA: Cambridge University Press.

Broadberry, S., Guan, H., & Li, D. (2018). China, Europe and the great divergence. A study in historical national accounting. *Journal of Economic History*, 78, 955-1000.

Brunt, L. (2019). *Why international Geary Khamis Dollars cannot be a foundation for long run comparisons on GDP*. Unpublished paper, Norwegian School of Economics.

Canadian Journal of Sociology. (2004).

Canadian Journal of Sociology. (2008).

Daly, J. (2014). *Historians debate the rise of the west*. Abingdon: Routledge.

Deaton, A., & Heston, A. (2010). Understanding purchasing power parities and purchasing power parity national accounts. *American Journal of Macroeconomics*, 2, 4.

De Jong, H., & van Ark, B. (2012). The comparison of GDP levels in the use of PPP's in the Maddison data base. Working Paper

Groningen Growth and Development Center.
Deng, K. (2012). *China's political economy in Modern Times : Changes and economic consequences 1800–2000.* Abingdon: Routledge.
Deng, K., & O'Brien, P. (2015). Nutritional standards of living in England and the Yangtze Delta Area circa 1644–circa 1840. *Journal of World History,* 26(2), 233–267.
Deng, K., & O'Brien, P. (2016). Establishing statistical foundations for the great divergence: A survey and critique of relative wage levels for Ming-Qing China. *Economic History Review,* 69(4), 1057–1082.
Deng, K., & O'Brien, P. (2017). How far back in time might macro-economic facts travel? The debate on the great divergence between imperial China and the west. *World Economics,* 18, 2.
Deng, K., & O'Brien, P. (2021). The Kuznetsian Paradigm and the Study of Global Economic History. Department of Economic History, London School of Economics. Working Paper 321.
Dunstan, H. (1996). *Conflicting counsels to confuse the age : A documentary history of the political economy of Qing China.* Ann Arbor: Michigan University Press.
Elliott, M. (2001). *The Manchu way : The eight banners and ethnic identify in late imperial China.* Stanford: Stanford University Press.
Elvin, M. (1973). *The pattern of the Chinese past.* Stanford: Stanford University Press.
Elvin, M. (2004). *The retreat of the elephants : An environmental history of China.* New Haven: Yale University Press.
Elvin, M. (2010). The environmental impasse in late imperial China. In B. Womack (Ed.), *China's rise in historical perspective.* Lanham: Springer.
Feuerwerker, A. (1973). Questions about China's early modern history that I wish I could answer. *Journal of Asian Studies,* 51(4), 757–769.

Feuerwerker, A. (1992). *Studies in the economic history of late imperial China: handicraft, modern industry, and the State*. Ann Arbor: Michigan University Press.

Floud, R. et al. (Edns. 1981, 1994, 2004, 2014). *Cambridge Economic Histories of Britain*. Vol. 1.

Fogel, R., Fogel, E. M., Guglielmo, M., & Grotte, N. (2013). *Political arithmetic : Simon Kuznets and the empirical tradition in economics*. Chicago: Chicago University Press.

Goldstone, J. (2002). Efflorescences and economic growth in world history: Rethinking the rise of the west and the industrial revolution. *Journal of World History*, 13(2), 323-389.

Goldstone, J. (2008). *Why Europe ? The rise of the west in world history 1500-1850*. New York: McGraw Hill.

Goldstone, J. (2019). Data and dating the great divergence. In T. Roy & G. Riello (Eds.), *Global economic history* (pp. 39-54). London: Bloomsbury Academic.

Goody, J. (2010). *The Eurasian miracle*. Cambridge: Polity.

Gregory, J. (2003). *The west and China since 1500*. Basingstoke: Palgrave Macmillan.

Hatcher, J., & Stephenson, J. (Eds.). (2018). *Seven centuries of unreal wages*. Cham: Springer.

Hobson, J. (2004). *The eastern origins of western civilization*. Cambridge: Cambridge University Press.

Howell, M. (2010). *Commerce before capitalism 1300-1600*. Cambridge: Cambridge University Press.

Jones, E. (1987). *The European miracle : Environments, economies and geopolitics in the history of Europe and Asia*. Cambridge: Cambridge University Press.〔安元稔・脇村孝平訳『ヨーロッパの奇跡――環境・経済・地政の比較史』名古屋大学出版会，2000年〕

Kuroda, A. (2013). What was the Silver Tael System ? A mistake of China as a Silver 'Standard Country'. In G. Depeyrot (Ed.), *Three conferences on international monetary history*. Moneta: Wetteron.

Kuznets, S. (1966). *Modern economic growth*. New Haven: Yale University Press.〔塩野谷祐一訳『近代経済成長の分析』東洋経済新報社, 1968年〕
Kuznets, S. (1971). *The economic growth of nations*. Cambridge, MA: Harvard University Press.〔西川俊作・戸田泰訳『諸国民の経済成長――総生産高および生産構造』ダイヤモンド社, 1977年〕
Lebow, R. N., Tetlock, P., & Parker, G. (Eds.). (2006). *Unmaking of the west : "What-if" scenarios that rewrote world history*. Ann Arbor: Michigan University Press.
Leonard, J., & Watt, J. (Eds.). (1992). *To achieve security and wealth : The Qing Imperial State and the economy, 1644-1912*. Ithaca: Cornell University Press.
Lieberman, V. (2009). *Strange parallels : South-East Asia in global context. C. 800-1830*: Vol. 2. *Mainland mirrors : Europe, Japan, China, South Asia and the Islands*. Cambridge, MA: Harvard University Press.
Li, B., & Van Zanden, J-L. (2012). Before the great divergence? Comparing the Yangtze Delta at the beginning of the nineteenth century. *Journal of Economic History*, 72, 956-989.
Macfarlane, A. (2014). *The invention of the modern world*. Les Brouzils: Fortnightly Press.
Maddison, A. (2007). *Chinese economic performance in the long run, 960-2030* (2nd ed.). Paris: OECD Publications Service.
Marks, S. (2016). *Global capitalism, from the renaissance to the present*. Cambridge: Cambridge University Press.
Naquin, S., & Rawski, E. (1987). *Chinese society in the eighteenth century*. New Haven: Yale University Press.
Parthasarathi, P. (2010). *Why Europe grew rich and Asia did not : Global economic divergence, 1600-1850*. Cambridge: Cambridge University Press.
Perkins, D. (1969). *Agricultural development in China 1868-1968*. Edinburgh: Aldine Publishing Company.

Persson, K. (2010). *An economic history of Europe : knowledge, institutions and growth, 600 to the present.* Cambridge: Cambridge University Press.

Pomeranz, K. (2000). *The great divergence : China, Europe and the making of the modern world economy.* Princeton: Princeton University Press.〔川北稔監訳『大分岐――中国，ヨーロッパ，そして近代世界経済の形成』名古屋大学出版会，2015年〕

Pomeranz, K. (2011). *Historically Speaking*, Baltimore: Johns Hopkins University.

Rawski, T., & Li, L. (Eds.). (1992). *Chinese history in economic perspective.* Oxford: Oxford University Press.

Ringmar, E. (2007). *Why Europe was first? Social and economic growth in Europe and East Asia, 1500-1850.* New York: Anthem Press.

Rowe, W. (2009). *China's last empire : The great Qing.* London: Belknap Press of Harvard University Press.

Roy, T., & Riello, G. (Eds.). (2019). *Global economic history.* London: Bloomsbury Academic.

Shi, Z. (2018). *Agricultural development in Qing China : A quantitative study, 1661-1911.* Leiden: Brill.

So, B. L. (Ed.). (2013). *The economy of the lower Yangzi Delta in late imperial China.* London: Routledge.

Stiglitz, J. E., Anand, S., & Segal, P. (Eds.). (2010). *Debates on the Measurement of Global Poverty.* Oxford: Oxford University Press.

Von Glahn, R. (2016). *The economic history of China from antiquity to the nineteenth century.* Cambridge: Cambridge University Press.〔山岡由美訳『中国経済史――古代から19世紀まで』みすず書房，2019年〕

Van Haute, E. (Ed.). (2015). Escaping the great divergence. *The Low Countries Journal of Social and Economic History*, 12(2), 3-16.

Van Zanden, J-L., & Ma, D. (2017). What makes Maddison right? Chinese historic economic data. *World Economics*, 18, 2.

Vries, P. (2015). *State economy and the great divergence : Great Britain and China 1680s-1850s*. London: Bloomsbury.

Wood, E. (2002). *The origins of capitalism — A longer view*. New York: Verso.〔平子友長・中村好孝訳『資本主義の起源』こぶし書房, 2001年〕

第3章

Acemoglu, D., & Robinson, J. (2012). *Why nations fail : The origins of power, prosperity and poverty*. London: Crown Publishing.〔鬼澤忍訳『国家はなぜ衰退するのか——権力・繁栄・貧困の起源』早川文庫, 2016年〕

Adshead, S. (1995). *China in world history*. London: Palgrave Macmillan.

Barbier, E. (2011). *Scarcity and frontiers : How economies have developed through natural resource exploitation*. Cambridge: Cambridge University Press.

Brandt, L., & Rawski, T. (Eds.). (2008). *China's great transformation*. Cambridge: Cambridge University Press.

Bray, F., Coclanis, P. A., & Fields-Black, E. L. (2015). *Rice, global networks and new histories*. Cambridge: Cambridge University Press.

Bray, F. (1986). *The rice economies : Technology and development in Asian societies*. London: University of California Press.

Brenner, R., & Isett, C. (2002). England's divergence from China's Yangtze Delta: Property relations, microeconomics and patterns of development. *Journal of Asian Studies*, 61, 609-662.

Broadberry, S., & O'Rourke, K. (2010). *The Cambridge economic history of modern Europe*. Vol. 1. *1700-1800*. Cambridge: Cambridge University Press.

Brook, T. (1998). *The confusions of pleasure, commerce and culture in Ming China*. Berkeley: California University Press.

Brook, T. (2005). *The Chinese state in Ming society*. London: Routledge.

Brook, T. (2010). *The troubled empire : China in the Yuan and Ming dynasties.* Cambridge, MA: Harvard University Press.

Chao, G. (1977). *The development of cotton textile production in China.* Cambridge, MA: Harvard University Press.

Deng, G. (1993). *Development versus stagnation : Technological continuity and agricultural progress in pre-modern China.* Westport: Greenwood Press.

Deng, G. (1999). *The pre-modern Chinese economy : Structural equilibrium and capitalist sterility.* London: Routledge.

Deng, K. (2015). *Mapping China's growth and development in the long run 221BC to 2020.* Singapore: World Scientific Publishing.

Deng, K., & O'Brien, P. (2017). How far back in time might macro-economic facts travel? The debate on the great divergence: Imperial China and the West. *World Economics*, 18, 2.

Dixin, X., & Chengming, W. (Eds.). (2000). *Chinese capitalism 1522-1840.* London: Palgrave Macmillan.

Elman, B. (2000). *A cultural history of civil examinations in late imperial China.* Berkeley: University of California Press.

Elvin, M. (1973). *The pattern of the Chinese past : A social and economic interpretation.* Stanford: Stanford University Press.

Elvin, M. (1996). *Another history : Essays on China from a European perspective.* Honolulu: Wild Peony/University of Hawaii.

Elvin, M. (2004). *The retreat of the elephants : An environmental history of China.* New Haven: Yale University Press.

Elvin, M. (2010). The environmental impasse in late imperial China. In B. Womack (Ed.), *China's rise in historical perspective.* Lanham: Rowman & Littlefield.

Elvin, M., & Liu, T-J. (Eds.). (1998). *Sediments of time : Environment and society in Chinese history.* Cambridge: Cambridge University Press.

European Review of Economic History Symposium. (2008).

Fairbank, J. (Ed.). (1978). *The Cambridge history of China 1800-*

1911 Vol. 10. *The Late Qing.* Cambridge: Cambridge University Press.

Gates, H. (1996). *Chinese motor a thousand years of petty capitalism.* Ithaca: Cornell University Press.

Gernet, J. (1982). *A history of Chinese civilization.* Cambridge: Cambridge University Press.

Goldstone, J. (2008). *Why Europe? The rise of the west in world history 1500-1850.* New York: McGraw Hill.

Goody, J. (2010). *The Eurasian miracle.* Cambridge: Polity.

Grigg, D. (1980). *Population growth and agrarian change. An historical perspective.* Cambridge: Cambridge University Press.

Hayami, A., & Tsubouchi, Y. (Eds.). (1989). *Economic and demographic development in rice producing societies: Some aspects of East Asian History 1500-1700.* Leuven: Leuven University Press.

Hobson, J. (2004). *The eastern origins of western civilization.* Cambridge: Cambridge University Press.

Huang, P. (1985). *The peasant economy and social change in North China.* Stanford: Stanford University Press.

Huang, P. (1990). *The peasant family and rural development in the Yangtze Delta 1350-1988.* Stanford: Stanford University Press.

Hung, H-F. (2008). Agricultural revolution and elite reproduction in Qing China. *American Sociological Review,* 73, 569-588.

Jones, E. (1987). *The European miracle. Environments, economies and geopolitics in the history of Europe and Asia.* Cambridge: Cambridge University Press.〔安元稔・脇村孝平訳『ヨーロッパの奇跡——環境・経済・地政の比較史』名古屋大学出版会, 2000年〕

Lebow, R. N., Tetlock, P., & Parker, G. (Eds.). (2006). *Unmaking of the west: "What-if" scenarios that rewrote world history.* Ann Arbor: Michigan University Press.

Lee, J., & Wang, F. (1999). *One quarter of humanity: Malthusian mythology and Chinese realities 1700-2000s.* Cambridge, MA: Harvard University Press.

Li, B. (1998). *Agricultural development in Jiangnan 1620-1850.* London: Palgrave Macmillan.

Li, B., & Van Zanden, J-L. (2012). Before the great divergence? Comparing the Yangtze Delta at the beginning of the nineteenth century. *Journal of Economic History*, 72, 956-989.

Li, L. (2007). *Fighting famine in North China : State, market and environmental decline, 1690s-1990s.* Stanford: Stanford University Press.

Lieberman, V. (2009). *Strange parallels : South-East Asia in global context, c. 800-1830.* Vol. 2. *Mainland Mirrors : Europe, Japan, China, South Asia and the Islands.* Cambridge, MA: Harvard University Press.

Malanima, P. (2009). *Pre-modern European Economy : One thousand years — 10th-19th centuries.* Leiden: Brill.

Marks, R. (1998). *Tigers, rice, silk and silt : Environment and economy in Late Imperial South China.* Cambridge: Cambridge University Press.

Marks, R. (2012). *China : Its environment and its history.* New York: Rowan & Littlefield.

Mazumdar, S. (1998). *Sugar and society in China : Peasants society and the world market.* London: Harvard University Press.

Millward, J. (1998). *Beyond the pass : Economy, ethnicity in Qing Central Asia 1759-1864.* Stanford: Stanford University Press.

Overton, M. (2010). *Agricultural revolution in England : The transformation of the agricultural economy.* Cambridge: Cambridge University Press.

Perdue, P. (1982). Water control in the Dongting lake region during the Ming and Qing periods. *Journal of Asian Studies*, 41, 747-765.

Perkins, D. (1969). *Agricultural development in China 1368-1968.* Edinburgh: Edinburgh University Press.

Pomeranz, K. (1993). *The making of a hinterland : State, society, and economy in inland North China, 1853-1937.* Berkeley: University

of California Press.
Pomeranz, K. (2000). *The great divergence : China, Europe and the making of the modern world economy*. Princeton: Princeton University Press.〔川北稔監訳『大分岐――中国，ヨーロッパ，そして近代世界経済の形成』名古屋大学出版会，2015年〕
Rawski, T., & Li, L. (Eds.). (1992). *Chinese history in economic perspective*. Oxford: Oxford University Press.
Rowe, W. (2009). *China's last empire : The great Qing*. London: Belknap Press of Harvard University Press.
Scott, A. (2008). *The evolution of resource property rights*. Oxford: Oxford University Press.
Sierferle, R., & Breuninger, H. (Eds.). (2003). *Agriculture, population and development in China and Europe*. Stuttgart: Breuninger Stiftung GmbH.
Shi, Zhihong. (2018). *Agricultural development in Qing China*. Leiden: Brill.
So, B. (Ed.). (2013). *The economy of lower Yangzi Delta in late imperial China : connecting money, markets, and institutions*. London: Routledge.
Tvedt, T. (2010). Why England not China and India? Water systems and the history of the industrial revolution. *Journal of Global History*, 5, 29–50.
Twitchett, D., & Mote, F. (Eds.). (1988). *The Cambridge history of China,* Vol. 8. *The Ming Dynasty*. Cambridge: Cambridge University Press.
Van Zanden, J-L. (2009). *The long road to the industrial revolution : The European economy in global perspective, 1000–1800*. Leiden: Brill.
Von Glahn, R. (2016). *The economic history of China : From antiquity to the nineteenth century*. Cambridge: Cambridge University Press.〔山岡由美訳『中国経済史――古代から19世紀まで』みすず書房，2019年〕

Vries, P. (2015). *State economy and the great divergence : Great Britain and China 1680s–1850s*. London: Bloomsbury.

Warde, P., Kander, A., & Malanima, P. (2013). *Power to the people : Energy in Europe over the last five centuries*. Princeton: Princeton University Press.

Will, P–E. (1990). *State intervention in the administration of a hydraulic infrastructure : The example of Hubei Province in late imperial times. In Bureaucracy and famine in eighteenth century China*. Stanford: Stanford University Press.

Wong, R. B. (1997). *China transformed : Historical change and the limits of European experience*. Ithaca: Cornell University Press.

Xue, Y. (2007). A fertilizer revolution: A critical response to Pomeranz's theory of geographical luck. *Modern China*, 33.

Zelin, M., Ocko, J. K., & Gardella, R. (Eds.). (2004). *Contract and property in early modern China*. Stanford: Stanford University Press.

第4章

American Historical Review Forum. (2002). Political economy and ecology on the eve of industrialization: Europe, China and the global conjuncture, 107 (2).

Andrade, T. (2016). *The gunpowder age : China's military innovation and the rise of the west in world history*. Princeton: Princeton University Press.

Brandt, L., & Rawski, T. (Eds.). (2008). *China's great transformation*. Cambridge: Cambridge University Press.

Brook, T. (2005). *The Chinese state in Ming society*. London: Routledge Curzon.

Brook, T. (2010). *The troubled empire : China in the Yuan and Ming dynasties*. Cambridge, MA: Harvard University Press.

Buoye, T. (2000). *Manslaughter, markets and moral economy : Violent disputes over property rights in eighteenth century China*. Cambridge: Cambridge University Press.

Chang, C. L. (1955). *The Chinese gentry: studies on their role in nineteenth-century Chinese society.* Seattle: University of Washington Press.

Chao, G. (1977). *The development of cotton textile production in China.* Cambridge, MA: Harvard University Press.

Chao, K. (1986). *Man and land in Chinese history.* Stanford: Stanford University Press.

Crossley, P. K., Siu, H. F., & Sutton, D. S. (Eds.). (2006). *Empire at the margins: Culture, frontier and ethnicity in early-modern China.* Berkeley: University of California Press.

Deng, K. (1999). *The pre-modern Chinese economy: Structural equilibrium and capitalist sterility.* London: Routledge.

Deng, K. (2004). Unveiling China's true population statistics for the premodern era with official census data. *Population Review*, 43, 2.

Deng, K. (2012). *China's political economy in modern times: Changes and economic consequences 1800–2000.* Abingdon: Routledge.

Deng, K., & O'Brien, P. (2015). Nutritional standards of living in England and the Yangtze Delta area circa 1644–circa 1840. *Journal of World History*, 26(2), 233–267.

Dixin, X., & Chengming, W. (Eds.). (2000). *Chinese capitalism 1522–1840.* London: Palgrave Macmillan.

Duchesne, R. (2011). *The uniqueness of western civilization.* Leiden: Brill.

Dunstan, H. (1996). *Conflicting counsels to confuse the age: A documentary Study of political economy in Qing China 1644–1840.* Ann Arbor: University of Michigan Press.

Elliott, M. (2001). *The Manchu way: The eight banners and ethnic identify in late imperial China.* Stanford: Yale University Press.

Elvin, M. (1973). *The pattern of the Chinese past.* Stanford: Stanford University Press.

Elvin, M. (2004). *The retreat of the elephants: An environmental history of China.* New Haven: Yale University Press.

Elvin, M. (2010). The environmental impasse in late imperial China. In B. Womack (Ed.), *China's rise in historical perspective*. Lanham: Springer.

Elvin, M. (2012). *The pattern of the Chinese past*. Stanford: Stanford University.

Feuerwerker, A. (1973). Questions about China's early modern history that I wish I could answer. *Journal of Asian Studies*, 5. Cambridge: Cambridge University Press.

Feuerwerker, A. (1992). *State and society in eighteenth century China*. Ann Arbor: University of Michigan Press.

Feuerwerker, A. (1995). *Studies in the economic history of late imperial China*. Ann Arbor: University of Michigan Press.

Goody, J. (2010). *The Eurasian miracle*. Cambridge: Polity.

Gray, J. (2002). *Rebellions and revolutions : China from the 1800s to 2000*. Oxford: Oxford University Press.

He, W. (2013). *Paths towards the modern fiscal state*. Cambridge, Mass: Harvard University Press.

Hirzel, T., & Kim, N. (Eds.). (2008). *Metals, monies and markets in early modern societies : East Asian and global perspectives*. Berlin: LIT Verlag Münster.

Horesh, N. (2012). *Chinese money in global context : Historical junctures between 600 BCE and 2012*. Stanford: Yale University Press.

Horesh, N. (2014). *Chinese money in global context : Historic junctures between 600 BCE and 2012*. Stanford: Stanford University Press.

Isett, C. (2007). *State, peasant and merchant in Qing Manchuria 1644–1862*. Stanford: Yale University Press.

Karaman, K., & Pamuk, S. (2010). Ottoman finances in European perspective. *Journal of Economic History*, 70, 593–629.

Kaske, E. (2017). Crisis and austerity in Qing government finances in late eighteenth and early nineteenth century China ? Unpublished paper, University of Leipzig.

Kent, G. (2010). *The Qing governors and their provinces : The evolution of territorial government in China.* London: University of Washington Press.

Kuroda, A. (2013). What was the Silver Tael System? A mistake of China as a Silver 'Standard Country'. In G. Depeyrot (Ed.), *Three conferences on International monetary history.* Wetteren: Moneta.

Leonard, J. (1968). *Controlling from afar the Daoguang Emperor's management of the grand canal crisis 1824-1826.* Ann Arbor: University of Michigan Press.

Leonard, J., & Watt, J. (Eds.). (1992). *To achieve security and wealth : The Qing Imperial State and the economy 1644-1911.* Ithaca: Cornell University Press.

Li, L. (2007). *Fighting famine in North China : State, market and environmental decline, 1690s-1990s.* Stanford: Stanford University Press.

Liu, G. L. (2005). *Wrestling for power : The state and the economy in later imperial China, 1000-1700.* Cambridge, MA: Harvard University Press.

Ma, D. (2014). State capacity and the great divergence. *Eurasian Geography and Economics*, 54, 5-6.

Marks, R. (1998). *Tiger, rice, silk and silt : Environment and economy in Late Imperial South China.* Cambridge: Cambridge University Press.

Marks, R. (2012). *China : Its environment and its history.* New York: Rowman & Littlefield.

Millward, J. (1998). *Beyond the pass : Economy, ethnicity and empire in Qing Central Asia, 1759-1864.* Stanford: Yale University Press.

O'Brien, P. (2014). The formation of states and transitions to modern economies: England, Europe and Asia compared. In L. Neal & J. Williamson (Eds.), *The rise of capitalism from ancient origins to 1848.* Cambridge: Cambridge University Press.

Park, N. (1997). Corruption in eighteenth century China. *Journal of Asian Studies*, 56, 967-1005.

Parker, G. (2013). *Global crisis : War, climate change and catastrophe in the seventeenth century*. New Haven: Yale University Press.

Patterson, G. (2006). *Asian borderlands : The transformation of Qing China's Yunnan frontier*. Cambridge, MA: Harvard University Press.

Perdue, P. (1982). Water control in the Dongting lake region during the Ming and Qing periods. *Journal of Asian Studies*, 41, 747-765.

Perdue, P. (2005). *China marches west : The Qing conquest of central Eurasia*. Cambridge, MA: Harvard University Press.

Perkins, D. (1969). *Agricultural development in China 1868-1968*. Edinburgh: Aldine Publishing Company.

Peterson, W. (Ed.). (2002). *The Cambridge history of China*. Vol. 9. *The Ch'ing Dynasty to 1800*. Cambridge: Cambridge University Press.

Peyefitte, A. (1992). *The immobile empire*. New York: Knopf.

Pines, Y. (2012). *The everlasting empire : The political cult of ancient China and its imperial legacy*. Oxford: Oxford University Press.

Pomeranz, K. (2000). *The great divergence : China, Europe and the making of the modern world economy*. Princeton: Princeton University Press.〔川北稔監訳『大分岐——中国，ヨーロッパ，そして近代世界経済の形成』名古屋大学出版会，2015年〕

Pomeranz, K. (2006). Without Coal? Colonies? Calculus, counterfactuals and industrialization in Europe and China. In R. Lebow et al. (Eds.), *Unmaking the West : "What-if" scenarios that rewrite world history*. Ann Arbor: Michigan University Press.

Pomeranz, K. (2011). *Historically speaking*. Baltimore: John Hopkins University.

Rawski, T., & Li, L. (Eds.). (1998). *Chinese history in economic perspective*. Oxford: Oxford University Press.

Rosenthal, J-L. & Wong, R. B. (2011). *Before and beyond divergence :*

The politics of economic change in China and Europe. London: Harvard University Press.

Rowe, W. (2009). *China's last empire: The great Qing.* London: Belknap Press of Harvard University Press.

Schram, S. (Ed.). (1985). *The scope of state power in China.* Hong Kong: Columbia University Press.

Smith, P., & von Glahn, R. (Eds.). (2003). *The Song-Yuan-Ming transition in Chinese history.* Cambridge, MA: Harvard University Press.

Spence, J., & Mills, J. (Eds.). (1979). *From Ming to Qing.* New Haven: Yale University Press.

Struve, L. (Ed.). (2004). *The Qing formation in world historical time.* London: Harvard University Press.

Tanimoto, M., & Wong, R. B. (Eds.). (2019). *Public goods provision in the early modern economy: Comparative perspectives from Japan, China and Europe.* Oakland: University of California Press.

Tvedt, T. (2010). Why England not China and India? Water systems and the history of the industrial revolution. *Journal of Global History,* 5, 29-50.

Vries, P. (2013). *Escaping poverty: The origins of modern economic growth.* Vienna: Vienna University Press.

Vries, P. (2015). *State economy and the great divergence: Great Britain and China 1680s-1850s.* London: Bloomsbury.

Waley-Cohen, J. (1999). *The sextants of Beijing: Global currents in Chinese history.* New York: W. W. Norton.

Waley-Cohen, J. (2006). *The culture of war in China: Empire and the military under the Qing dynasty.* London: Bloomsbury.

Wang, Y. (1973). *Land taxation in imperial China, 1750-1911.* Cambridge, MA: Harvard University Press.

Will, P-E. (1985). State intervention in the administration of a hydraulic infrastructure: the example of Hubei Province in late imperial times. In S. Schram (Ed.), *The scope of state power in Chi-*

na. Hong Kong: Hong Kong University Press.

Wong, R. B. (1997). *China transformed : Historical change and the limits of European experience*. Ithaca: Cornell University Press.

Yun-Casalilla, B., & O'Brien, P. (Eds.). (2012). *The rise of fiscal states : A global history 1500-1914*. Cambridge: Cambridge University Press.

Zelin, M. (1984). *The magistrates' tael : Rationalizing fiscal reform in eighteenth century Ch'ing China*. Berkeley: University of California Press.

Zelin, M., et al. (2004). *Contract and property in early modern China*. Stanford: Stanford University Press.

Zurndorfer, H. (2016). China and science on the eve of the great divergence 1600-1800. *History of Technology, 29*.

第5章

Abernethy, D. (2000). *The dynamics of global dominance : European overseas empires 1415-1980*. New Haven: Yale University Press.

Adshead, S. (1995). *China in world history*. London: Palgrave Macmillan.

Bairoch, P. (1988). *Cities and economic development from the dawn of history to the present*. Chicago: University of Chicago Press.

Barbier, E. (2011). *Scarcity and frontiers : How economies have developed through natural resource exploitation*. Cambridge: Cambridge University Press.

Bateman, V. (2012). *Markets and growth in early modern Europe*. London: Routledge.

Bayly, C. (2004). *The birth of the modern world 1780-1914*. Oxford: Oxford University Press.〔平田雅博・吉田正広・細川道久訳『近代世界の誕生――グローバルな連関と比較1780-1914』上下，名古屋大学出版会，2018年〕

Béaur, G., Schofield, P. R., Chevet, J-M., & Pérez Picazo, M. T. (Eds.). (2013). *Property rights, land markets and economic growth in the*

European countryside. Turnhout: Brepols Publishing.

Blaut, J. (1993). *The colonizer's model of the world*. New York: The Guilford Press.

Bodde, D. (1991). *Chinese thought, society and science*. Honolulu: University of Hawaii Press.

Boorstin, D. (1983). *The discoverers: A history of Man's search to know the world and himself*. London: Knopf Doubleday Publishing Group.〔鈴木主税・野中邦子訳『大発見——未知に挑んだ人間の歴史』集英社，1988年〕

Braudel, F. (1981-84). *Civilization and capitalism*, 3 Vols. London: Harper & Rowe.〔村上光彦訳『物質文明・経済・資本主義 15-18世紀』みすず書房，1985-99年〕

Bruland, K., Gerritsen, A., Hudson, P., & Riello, G. (Eds.). (2020). *Reinventing the economic history of industrialization*. Montreal: McGill Queen's University Press.

Broadberry, S., & O'Rourke, K. (Eds.). (2010). *The Cambridge economic history of Europe*, Vols 1 & 2. Cambridge: Cambridge University Press.

Brook, T. (1998). *The confusions of pleasure: Commerce and culture in Ming China*. Berkeley: University of California Press.

Brook, T. (2005). *The Chinese state in Ming society*. London: Routledge.

Brook, T. (2010). *The troubled empire: China in the Yuan and Ming dynasties*. Cambridge, MA: Harvard University Press.

Brooke, J. (1991). *Science and religion: Some historical perspectives*. Cambridge: Cambridge University Press.〔田中靖夫訳『科学と宗教——合理的自然観のパラドクス』工作舎，2005年〕

Church, R. (1994). The coal and iron industries, Vol. 10. In R. Church & A. Wrigley (Eds.), *The industrial revolution*. Oxford: Blackwell.

Chao, G. (1977). *The development of cotton textile production in China*. Cambridge, MA: Harvard University Press.

Cipolla, C. (1976). *Before the industrial revolution: European society*

and economy, 1000–1700. London: Routledge.

Crouzet, F. (2001). *A history of the European economy 1000–2000.* Charlottesville: University of Virginia Press.

Clark, P. (2013). *The Oxford handbook of cities in world history.* Oxford: Oxford University Press.

Daly, J. (2015). *Historians debate the rise of the west.* Abingdon: Routledge.

Deng, K. (2004). Unveiling China's true population statistics for the pre-modern era. *Population Review.* 43, 2.

Deng, K. (2012). *China's political economy in modern times : Changes and economic consequences 1800–2000.* Abingdon: Routledge.

Dincecco, M., & Wang, Y. (2011). Violent conflict and political Development over the long run: China versus Europe. *Annual Review of Political Science,* 21, 341–358.

Dincecco, M., & Onorato, M. (2018). *From warfare to wealth : The military origins of urban prosperity in Europe.* Cambridge: Cambridge University Press.

Dixin, X., & Chengming, W. (2000). *Chinese capitalism 1522–1840.* London: Palgrave Macmillan.

Elvin, M. (2004). *The retreat of the elephants : An environmental history of China.* New Haven: Yale University Press.

Encisco, A. (2017). *War, power and the economy : Mercantilism and state formation in 18th-century Europe.* Abingdon: Routledge.

Engelen, T., & Wolf, A. (Eds.). (2005). *Marriage and the family in Eurasia : Perspectives on the Hajnal hypothesis.* Amsterdam: Aksant.

Etemad, B. (2007). La possession du monde: Poids et mesures de la colonization. Lausanne: Editions Complex.

European Review of Economic History Symposium 2008.

Floud, R. et al. (Eds.). (1981, 1994, 2004 and 2014). *Cambridge economic histories of Britain,* Vol. 1. Cambridge: Cambridge University Press.

Flynn, D. O., Giráldez, A., & Von Glahn, R. (2003). *Global connection and monetary history 1470–1800.* Aldershot: Ashgate.

Frank, A. G. (1998). *ReOrient : Global economy in the Asian age.* Berkeley: University of California Press.〔山下範久訳『リオリエント――アジア時代のグローバル・エコノミー』藤原書店，2000年〕

Gerschenkron, A. (1966). *Economic backwardness in historical perspective.* Cambridge, MA: Harvard University Press.〔絵所秀紀ほか訳『後発工業国の経済史――キャッチアップ型工業化論』ミネルヴァ書房，2005年；池田美智子訳『経済後進性の史的展望』日本経済評論社，2016年〕

Gills, B., & Thompson, W. (Eds.). (2006). *Globalization and global history.* Abingdon: Routledge.

Goldstone, J. (2008). *Why Europe ? The rise of the west in world history 1500–1850.* New York: McGraw Hill.

Goodman, J., & Honeyman, K. (1988). *Gainful pursuits : The making of industrial Europe, 1600–1914.* London: Edward Arnold.

Harris, J. (1992). *Essays in industry and technology in eighteenth century England and France.* Aldershot: Routledge.

Headrick, D. (2000). *When Information Came of Age : Technologies of Knowledge in the Age of Reason and Revolution, 1700–1850.* Oxford: Oxford University Press.〔塚原東吾・隠岐さや香訳『情報時代の到来――「理性と革命の時代」における知識のテクノロジー』法政大学出版局，2011年〕

Headrick, D. (2009). *Power over Peoples : Technology, Environments, and Western Imperialism, 1400.* Princeton: Princeton University Press.

't Hart, M. (2014). *The Dutch wars of independence.* Abingdon: Routledge.

Hobson, J. (2004). *The eastern origins of western civilization.* Cambridge: Cambridge University Press.

Jones, E. (1987). *The European miracle : Environments, economies and geopolitics in the history of Europe and Asia.* Cambridge: Cam-

bridge University Press.〔安元稔・脇村孝平訳『ヨーロッパの奇跡——環境・経済・地政の比較史』名古屋大学出版会，2000年〕

Kaske, E. (2017). *Crisis and austerity in Qing government finances in late eighteenth and early nineteenth century China?* Unpublished paper, University of Leipzig.

Kellenbenz, H. (1976). *The rise of the European economy.* London: Weidenfeld & Nicolson.

Lebow, R., Tetlock, P., & Parker, G. (Eds.). (2006). *Unmaking the west: "What-if" scenarios that rewrote world history.* Ann Arbor: Michigan University Press.

Lee, J., & Wang, F. (1999). *One quarter of humanity: Malthusian mythology and Chinese realities.* London: Harvard University Press.

Li, B., & Van Zanden, J-L. (2012). Before the great divergence: Comparing the Yangtze Delta and the Netherlands at the beginning of the nineteenth century. *Journal of Economic History,* 72, 4.

Liu, G. L. (2005). *Wrestling for power: The state and the economy in late imperial China, 1000-1700.* Cambridge, MA: Harvard University Press.

Malanima, P. (2009). *Pre-modern European economy: One thousand years (10th-19th centuries).* Leiden: Brill.

Mielants, E. (2007). *The origins of capitalism and the rise of the west.* Philadelphia: Temple University Press.〔山下範久訳『資本主義の起源と「西洋の勃興」』藤原書店，2011年〕

Mitterauer, M. (2007). *Why Europe? The medieval origins of its special path.* Philadelphia: Temple University Press.

Nef, J. (1964). *The conquest of the natural world.* Chicago: University of Chicago Press.

Northrup, D. (Ed.). (2010). *The Atlantic slave trade.* Houghton Mifflin: Lexington.

O'Brien, P., Keene, D., Hart, M., & van der Wee, H. (Eds.). (2001). *Urban achievement in early modern Europe.* Cambridge: Cambridge University Press.

O'Brien, P. (2014). The formation of states and transitions to modern economies. England, Europe and Asia compared. In L. Neal & J. Williamson (Eds.), *The rise of capitalism from ancient origins to 1848.* Cambridge: Cambridge University Press.

Overton, M. (2010). *Agricultural revolution in England : The transformation of the agricultural economy.* Cambridge: Cambridge University Press.

Parker, G. (2013). *Global crisis : War, climate change and catastrophe in the seventeenth century.* New Haven: Yale University Press.

Perdue, P. (2005). *China marches west : The Qing conquest of Central Asia.* London: Belknap Press of Harvard University Press.

Persson, K. (2010). *An economic history of Europe.* Cambridge: Cambridge University Press.

Peterson, W. (Ed.). (2002). *Cambridge history of China,* Vol. 9. *The Ch'ing dynasty to 1800.* Cambridge: Cambridge University Press.

Pomeranz, K. (2006). Without coal? Colonies? Calculus counterfactuals and industrialization in Europe and China. In R. Lebow et al. (Eds.), *Unmaking the West : "What-if" Scenarios that Rewrite World History.* Ann Arbor: Michigan University Press.

Prak, M., & Van Zanden, J-L. (2013). *Technology skills and the pre-modern economy in the west and east.* Leiden: Brill.

Rawski, E. (2001). *The last emperors : A social history of Qing institutions.* London: University of California Press.

Riello, G. (2013). *Cotton : The fabric that made the modern world.* Cambridge: Cambridge University Press.

Ringmar, E. (2007). *Why Europe was first? Social and economic growth in Europe and East Asia, 1500-1850.* New York: Anthem Press.

Rosenthal, J-L., & Wong, R. B. (2011). *Before and beyond divergence : The politics of economic change in China and Europe.* London: Harvard University Press.

Roy, T., & Riello, G. (Eds.). (2019). *Global economic history.* London:

Bloomsbury Academic.

Scott, A. (2008). *The evolution of resource property rights.* Oxford: Oxford University Press.

Tanimoto, M., & Wong, R. B. (Eds.). (2019). *Public goods provision in the early modern economy : Comparative perspectives from Japan, China and Europe.* Oakland: University of California Press.

Thomson, E. (2003). *The Chinese coal industry : An economic history.* London: Routledge.

Torres-Sanchez, R. (Ed.). (2007). *War, state and development : Fiscal military states in the eighteenth century.* Navarra: Pamplona.

Van Zanden, J-L. (2009). *The long road to the industrial revolution : The European economy in global perspective, 1000–1800.* Leiden: Brill.

Vries, P. (2015). *State economy and the great divergence : Great Britain and China 1680s–1850s.* London: Bloomsbury.

Wang, Y-K. (2010). *Harmony and war : Chinese Confucian culture and Chinese power politics.* New York: Columbia University Press.

Wang, Q. (Ed.). (2011). The California school in China. *Special Issue of Chinese Studies in History,* 45.

Warde, P., Kander, A., & Malanima, P. (2013). *Power to the people : Energy in Europe over the last five centuries.* Princeton: Princeton University Press.

Wong, R. B. (1997). *China transformed : Historical change and the limits of European experience.* Ithaca: Cornell University Press.

Wood, E. (2002). *The origins of capitalism — A longer view.* New York: Verso.

Wright, T. (1984). *Coal mining in China's economy and society, 1895–1937.* Cambridge: Cambridge University Press.

Wrigley, A. (1988). *Continuity, chance and change.* Cambridge: Cambridge University Press. 〔近藤正臣訳『エネルギーと産業革命——連続性・偶然・変化』同文舘出版，1991年〕

Wrigley, A. (2016). *The path to sustained growth : England's transition from an organic economy to an industrial revolution.* Cambridge: Cambridge University Press.

Xu, T. (2016). Chinese development thinking. In E. Reinert et al. (Eds.), *Handbook of alternative theories of economic development.* Cheltenham: Elgar.

Xue, Y. (2007). A fertilizer revolution ? A critical response to Pomeranz's theory of geographical luck. *Modern China,* 33, 195–229.

Yao, X. (2002). *An introduction to Confucianism.* Cambridge: Cambridge University Press.

Yun-Casalilla, B., & O'Brien, P. (Eds.). (2012). *The rise of fiscal states : A global history 1500–1914.* Cambridge: Cambridge University Press.

Zelin, M. (1984). *The magistrates' tael : Rationalizing fiscal reform in eighteenth century Ch'ing China.* Berkeley: University of California Press.

Zelin, M., Ocko, J. K., & Gardella, R. (Eds.). (2004). *Contract and property in early modern China.* Stanford: Stanford University Press.

第6章

Arrault, A., & Jami, C. (Eds.). (2001). *Science and technology in East Asia : The legacy of Joseph Needham.* Liege: Brepols.

Bala, A. (2006). *The dialogue of civilizations in the birth of modern Science.* New York: Palgrave Macmillan.

Barnes, M. (2000). *Stages of thought : The co-evolution of religious thought and science.* Oxford: Oxford University Press.

Baten, J., & Van Zanden, J-L. (2008). Book production and the onset of economic growth. *Journal of Economic Growth,* 13, 217–235.

Bedini, S. (1999). *Patrons, artisans and instruments of science 1600–1750.* Aldershot: Ashgate/Variorum.

Bodde, D. (1991). *Chinese thought, society and science.* Honolulu: University Hawaii Press.

Bol, P. (2008). *Neo-confucianism in history.* Cambridge, MA: Cambridge University Press.

Bona, J. (1995). *The Word of God and the language of man : Interpreting nature in early modern science and medicine.* Maddison: Wisconsin University Press.

Brokaw, C., & Chow, K. (Eds.). (2005). *Printing and book culture in late imperial China.* Berkeley: University of California Press.

Brook, T. (2010). *The troubled empire : China in the Yuan and Ming dynasties.* Cambridge, Mass: Harvard University Press.

Brooke, J. (1991). *Science and religion : Some historical perspectives.* Cambridge: Cambridge University Press.〔田中靖夫訳『科学と宗教——合理的自然観のパラドクス』工作舎，2005年〕

Bullough, V. (Ed.). (2004). *Universities, medicine and science in the medieval west.* Aldershot: Ashgate.

Butterfield, H. (1949). *The origins of modern science 1300-1800.* London: The Free Press.〔渡辺正雄訳『近代科学の誕生』上下，講談社学術文庫，1978年〕

Cohen, F. (1994). *The scientific revolution : A historiographical inquiry.* Chicago: Chicago University Press.

Cohen, F. (2011). *How modern science came into the world : Four civilizations. One 17th century breakthrough.* Amsterdam: University of Chicago Press.

Davids, K. (2012). *Religion, technology and the great and little divergences : China and Europe compared. c. 700-1800.* Leiden: Brill.

Dear, P. (2006). *Revolutionizing the sciences : European knowledge and its ambitions.* Basingstoke: Palgrave Macmillan.〔高橋憲一訳『知識と経験の革命——科学革命の現場で何が起こったか』みすず書房，2012年〕

Deng, K. (2012). *China's political economy in modern times : Changes and economic consequences 1800-2000.* Abingdon: Routledge.

Deng, K., & O'Brien, P. (2021). The Kuznetsian Paradigm and the Study of Global Economic History. Department of Economic Histo-

ry, London School of Economics. Working Paper 321.

De Ridder-Symoens, H., & Walter Rüegg, W. (Eds.). (1996). *A history of the university in Europe.* Cambridge: Cambridge University Press.

Duchesne, R. (2011). *The uniqueness of western civilization.* Leiden: Brill.

Elman, B., & Woodside, A. (Eds.). (1994). *Education and society in late imperial China 1600–1900.* Berkeley: University of California Press.

Elman, B. (2000). *A cultural history of civil examinations in late imperial China.* Berkeley: University of California Press.

Elman, B. (2005). *On their own terms : Science in China 1550–1900.* Cambridge, MA: Harvard University Press.

Epstein, S., & Prak, M. (Eds.). (2008). *Guilds, innovation and the European economy 1400–1800.* Cambridge: Cambridge University Press.

Feingold, M. (Ed.). (2002). *The new science and Jesuit science : Seventeenth century perspectives.* Dordrecht: Kluwer Academic Publishers.

Field, J., & James, A. (1993). *Renaissance and revolution : Humanists, scholars, craftsmen and natural philosophers in early modern Europe.* Cambridge: Cambridge University Press.

Frank, A. G. (1988). *ReOrient : Global economy in the Asian age.* Berkeley: University of California Press.〔山下範久訳『リオリエント――アジア時代のグローバル・エコノミー』藤原書店, 2000年〕

Gascoigne, J. (1998). *Science, politics and universities in Europe 1600–1800.* Aldershot: Ashgate.

Gaukroger, S. (2006). *The emergence of scientific culture : Science and the shaping of modernity 1210–1685.* Oxford: Oxford University Press.

Gaukroger, S. (2010). *Science and the shaping of modernity 1660–1760.* Oxford: Oxford University Press.

Gillespie, M. (2008). *The theological origins of modernity*. Chicago: Chicago University Press.

Golas, P. (2015). *Picturing technology in China from earliest times to the twentieth century*. Hong Kong: Hong Kong University Press.

Golinski, J. (1998). *Making natural knowledge : Constructivism and the history of science*. Cambridge: Cambridge University Press.

Grafton, A. (1992). *New world's ancient texts : The power of tradition and the shock of discovery*. Cambridge, Mass: Harvard University Press.

Grant, E. (2004). *Science and religion, 400 B. C. to A. D. 1550 : from Aristotle to Copernicus*. Baltimore: Johns Hopkins University Press.

Grant, E. (2007). *A history of natural philosophy from the ancient world to the nineteenth century*. Cambridge: Cambridge University Press.

Hacking, I. (1999). *The social construction of what ?* Cambridge. Mass: Harvard University Press.〔出口康夫・久米暁訳『何が社会的に構成されるのか』岩波書店，2006年〕

Hannan, J. (2009). *God's philosophers : How the medieval world laid the foundations for modern science*. London: Icon Books Ltd.

Harrison, P. (Ed.). (2010). *The Cambridge companion to science and religion*. Cambridge: Cambridge University Press.

Hart, J. (2008). *Empires and colonies*. Cambridge: Polity Press.

Headrick, D. (2009). *Power over people's, technology and environment : Western imperialism*. Princeton: Princeton University Press.

Henderson, J. (1984). *The development and decline of Chinese cosmology*. New York: Columbia University Press.

Hishimoto, K., Jami, C., & Skar, L. (Eds.). (1995). *East Asian science : Tradition and beyond*. Kyoto: Kansai University Press.

Hodgson, M. (1993). *Rethinking world history : essays on Europe, Islam, and world history*. Cambridge: Cambridge University Press.

Hopkins, A. (Ed.). (2002). *Globalization in world history*. London:

Pimlico.
Huff, T. (1993). *The rise of early modern science : Islam, China and the West.* Cambridge: Cambridge University Press.
Huff, T. (2011). *Intellectual curiosity and the scientific revolution : A global perspective.* Cambridge: Cambridge University Press.
Inkster, I. (1991). *Science and technology in history : An approach to industrial development.* New Brunswick: Macmillan.
Inkster, I., & Deng, K. (Eds.). (2004). *Special issue of history of technology,* vol. 29. London: Continuum.
Jacob, M. (1997). *Scientific culture and the making of the industrial west.* Oxford: Oxford University Press.
Kim, Y. (2010). *Confucian scholars and specialized scientific knowledge in traditional China.* East Asian Science: Technology and Society.
Li, G., et al. (Eds.). (1982). *Explorations in the history of science and technology in China : A special number of the "collections of essays on Chinese literature and history".* Shanghai: Chinese Classics Publishing House.
Lieberman, V. (2009). *Strange parallels,* Vol. 2. *Mainland mirrors, Europe, Japan, China, South Asia and the islands : Southeast Asia in Global Context, C. 800–1830.* Cambridge: Cambridge University Press.
Lindberg, D., & Numbers, R. (Eds.). (1986). *God and nature : Historical essays on the encounter between Christianity and science.* Berkeley: University of California Press.
Lindberg, D. (Ed.). (2008). *Science in the middle age*s. Chicago: Chicago University Press.
Liu, G. (2009). Cultural logics for the regime of useful knowledge during Ming and early Qing China. *History of Technology,* 29, 29–56.
Liu, J. (1995). The Needham Puzzle: Why the industrial revolution did not originate in China. *Economic Development and Cultural Change,* 43, 269–292.
Lloyd, G. (1996). *Adversaries and authorities : Investigations into an-*

cient Greek and Chinese science. Cambridge: Cambridge University Press.

Lloyd, G. (2009). *Disciplines in the making : Cross cultural perspectives on elites, learning and innovation.* Oxford: Oxford University Press.

Lloyd, G., & Sivin, N. (2002). *The way and the word : Science and medicine in early China and Greece.* New Haven: Yale University Press.

Lowe, R., & Yasuhara, Y. (2017). *The origins of higher learning and the early development of universities.* London: Routledge.〔安原義仁訳『「学問の府」の起源――知のネットワークと「大学」の形成』知泉書館, 2019年〕

MacCulloch, D. (2003). *Reformation : Europe's house divided.* London: Allen Lane.

Marks, R. (2012). *China : Its environment and its history.* New York: Rowman & Littlefield.

Mote, F. (1999). *Imperial China 900–1800.* Cambridge, MA: Harvard University Press.

McDermott, J. (2006). *A social history of the Chinese Book.* Hong Kong: Hong Kong University Press.

Meyer-Fong, T. (2007). The printed world: Books, publishing, culture and society in late imperial China. *Journal of Asian Studies*, 66, 787-817.

Mokyr, J. (2002). *The gifts of Athena : Historical origins of the knowledge economy.* Princeton: Princeton University Press.〔伊藤庄一・長尾伸一訳『知識経済の形成――産業革命から情報化社会まで』名古屋大学出版会, 2019年〕

Mokyr, J. (2017). *A culture of growth.* Princeton: Princeton University Press.

Montgomery, S. (1998). *Science in translation : Movements of knowledge through cultures and time.* Chicago: Chicago University Press.〔大久保友博訳『翻訳のダイナミズム――時代と文化を貫く知

の運動』白水社，2016年〕

Montgomery, S., & Kumar, A. (2016). *A history of science in world cultures : voices of knowledge*. London: Routledge.

Nakayama, S. (1984). *Academic and scientific traditions in China, Japan and the West*. Tokyo: University of Tokyo Press.

Needham, J. (1969). *The Great titration : Science and society in East and West*. Toronto: Allen & Unwin.〔橋本敬造訳『文明の滴定——科学技術と中国の社会』法政大学出版局，2015年〕

Needham, J. (1970). *Clerks and craftsmen in China and the West*. Cambridge: Cambridge University Press.〔山田慶児訳『東と西の学者と工匠——中国科学技術史講演集』上下，河出書房新社，1974-77年〕

Needham, J., Robinson, K. G., & Elvin, M. (Eds.). (2004). *Science and civilization in China* Vol. 7, Part III. *General conclusions and reflexions*. Cambridge: Cambridge University Press.

Nelson, R. (Ed.). (1993). *National innovation systems : A comparative analysis* Oxford: Oxford University Press.

Ner, de B. (1981). *Confucian orthodoxy and the learning of mind and heart*. New York: Columbia University Press.

Noble, D. F. (1997). *The religion of technology : The divinity of man and the spirit of invention*. New York: Alfred A. Knopf.

Nordhaus, W. & Romer, P. (2018). *Integrating nature and knowledge into economics* (Royal Swedish Academy of Sciences Nobel Prize Lecture).

O'Brien, P. (2009). The Needham question updated: A historiographical survey. *History of Technology*, 29, 7-28.

O'Brien, P. (2013). Historical foundations for a global perspective on the emergence of a western European regime for the discovery of development and diffusion of useful and reliable knowledge. *Journal of Global History*, 8, 1-24.

O'Brien, P. (2019). Cosmographies for the discovery, development and diffusion of useful and reliable knowledge in pre-industrial Europe

and late Imperial China. A survey and speculation. *VSWG* 128/2021-22, 289.

Penprase, B. (2011). *The power of the stars: How celestial observations have shaped civilizations.* London: Springer.

Peterson, W. (1980). Chinese science, philosophy and some attitudes towards knowledge about the realm of heaven. *Past and Present,* 87.

Qian, W-Y. (1985). *The great inertia: Scientific stagnation in traditional China.* London: Croom Helm.

Rawski, E. (1979). *Education and public literacy in China.* Ann Arbor: Michigan University Press.

Ronan, C., & Needham, J. (1981). *The shorter science and civilization in China.* Cambridge: Cambridge University Press.

Ropp, P. (Ed.). (1994). *The heritage of China: Contemporary Perspectives on Chinese Civilization.* Berkeley: University of California Press.

Rossi, P. (2001). *The birth of modern science.* Oxford: Oxford University Press.

Rublack, U. (2017). *The Oxford handbook of protestant reformations.* Oxford: Oxford University Press.

Selin, H. (Ed.). (1997). *Encyclopaedia of the history of science, technology and medicine in non-western cultures.* Dordrecht: Springer.

Selin, H. (Ed.). (2003). *Nature across cultures: Views of nature and the environment in non-western cultures.* Dordrecht: Springer.

Schafer, D. (2011). *The crafting of 10,000 things: Knowledge and technology in seventeenth-century* China. Chicago: Chicago University Press.

Sivin, N. (1995). *Science in ancient China: Researches and reflections.* London: Variorum.

Smith, P., & Schmidt, B. (Eds.). (2007). *Making knowledge in early modern Europe: Practices, objects and texts 1400-1800.* Chicago: Chicago University Press.

Stark, R. (2001). *One true God : Historical consequences of Monotheism*. Princeton: Princeton University Press.

Tremlin, T. (2006). *Minds and Gods : The cognitive foundations of religion*. Oxford: Oxford University Press.

Vogel, H., & Dux, G. (Eds.). (2010). *Concepts of nature : A Chinese-European cross-cultural perspective*. Leiden Brill.

Weber, M. (1951). *The religion of China*. Glencoe: Free Press.

Wootton, D. (2015). *The invention of science*. London: Harper.

Wright, T. (1984). *Coal mining in China's economy and society, 1895-1937*. Cambridge: Cambridge University Press.

Xu, T. (2016). Chinese development thinking. In E. Reinert et al. (Eds.), *Handbook of alternative theories of economic development*. Cheltenham: Elgar.

Yang, D. (1990). China's traditional mode of thought and science. *Studies in Chinese Philosophy*, 22.

Yao, Xinzhong. (2002). *An introduction to Confucianism*. Cambridge: Cambridge University Press.

Yung, K. (1982). Natural knowledge in a traditional culture: Problems in the structure of Chinese science. *Minerva*, 20.

Zurndorfer, H. (2009). China and science on the eve of the great divergence 1600-1800. *History of Technology*, 29, 81-101.

終　章

Allen, R., Bengtsson, T., & Dribe, M. (2011). Wages, prices and living standards in China in comparison with Europe, Japan and India. *Economic History Review*, 64, 8-38.

Broadberry, S., Guan, H., & Li, D. D. (2018). China, Europe and the great divergence: A study in historical national accounting. *Journal of Economic History*, 78, 955-1000.

Daly, J. (2015). *Historians debate the rise of the west*. Abingdon: Routledge.

Daly, J. (2019). *The rise of Western power : A comparative history of*

Western civilization. London: Bloomsbury.

Deng, G. (1999). *The premodern Chinese economy : Structural equilibrium and capitalist sterility*. London: Routledge.

Deng, K. (2015). *Mapping Chinese growth and development over the long run*. Singapore: World Scientific Publishing.

Deng, K., & O'Brien, P. (2015). Nutritional standards of living in England and the Yangtze Delta area circa 1644-circa 1840. *Journal of World History*, 26(2), 233-267.

Deng, K., & O'Brien, P. (2016). Establishing statistical foundations for the great divergence: A survey and critique of relative wage levels for Ming-Qing China. *Economic History Review*, 69(4), 1057-1082.

Deng, K., & O'Brien, P. (2021). The Kuznetsian Paradigm and the Study of Global Economic History. Department of Economic History, London School of Economics. Working Paper 321.

Elvin, M. (1973). *The pattern of the Chinese past*. Stanford: Stanford University Press.

Elvin, M. (2004). *The retreat of the elephants : An environmental history of China*. New Haven: Yale University Press.

Elvin, M., & Liu, T-J. (Eds.). (1998). *Sediments of time : Environment and society in Chinese history*. Cambridge: Cambridge University Press.

Garcia, M., & de Sousa, L. (2018). *Global history and the new polycentric approaches*. Singapore: World Scientific Publishing.

Grinin, L., & Korotayev, A. (2015). *Great divergence and great convergence*. Cham: Springer.

Kuznets, S. (1966). *Modern economic growth*. New Haven: Yale University Press.〔塩野谷祐一訳『近代経済成長の分析』東洋経済新報社，1968年〕

Kuznets, S. (1971). *The economic growth of nations*. Cambridge, Mass: Harvard University Press.〔西川俊作・戸田泰訳『諸国民の経済成長——総生産高および生産構造』ダイヤモンド社，1977年〕

Macfarlane, A. (2014). *The invention of the modern world.* Les Brouzils: Fortnightly Press.

Parthasarathi, P., & Pomeranz, K. (2016). The great divergence debate. Vide.

www.warwick.ac.uk/fac/arts/history/ghcc/event/parthasarathi-Pomeranz-text.docs.

Pomeranz, K. (2017). The Data We Have vs. the Data We Need. A comment on the Divergence Debate. The NEP-HIS Blog.

Rowe, W. (2009). *China's last empire : The great Qing.* London: The Belknap Press of Harvard University Press.

Roy, T., & Riello, G. (Eds.). (2019). *Global economic history.* London: Bloomsbury Academic.

Von Glahn, R. (2016). *The economic history of China from antiquity to the nineteenth century.* Cambridge: Cambridge University Press. 〔山岡由美訳『中国経済史――古代から19世紀まで』みすず書房, 2019年〕

Vries, P. (2015). *State economy and the great divergence : Great Britain and China 1680s-1850s.* London: Bloomsbury.

Vries, P. (2016). What we know and do not know about the great divergence? At the Beginning of 2016. *Historische Mitteilungen der Ranke-Gesellschaft* 28, 249-297. University of Vienna.

Wang, Q. (Ed.). (2011). The California school in China. *Special Issue of Chinese Studies in History*, 45.

Wang, Y-K. (2011). *Harmony and war : Chinese confucian culture and Chinese power politics.* New York: Columbia University Press.

Wong, E. (Ed.). (2011). *The California School in China Special Issue of Chinese Studies in History*, 45.